珍藏本
纪念版

汉译世界学术名著丛书

莱布尼茨与克拉克论战书信集

陈修斋 译

2017年·北京

STREITSCHRIFTEN

ZWISCHEN

LEIBNIZ UND CLARKE

1715,1716

(Die philosophischen Schriften von G. W. Leibniz, herausgegeben von C. J. Gerhardt, Band VII, Berlin, 1890. S. 352—440)

内 容 提 要

《莱布尼茨与克拉克论战书信集》在哲学史和科学史上都是一部有重要意义的作品。莱布尼茨是十七世纪末至十八世纪初德国著名的哲学家和伟大的科学家,而克拉克则是牛顿的朋友和拥护者。这一论战实际上是莱布尼茨和牛顿派之间有关世界的一些根本观点,特别是关于空间和时间的本性的观点的争论。莱布尼茨虽然是站在唯心主义的立场上,但他对牛顿的绝对时空观的批判,不论对哲学或物理学的发展都是有一定促进作用的。本书对哲学史和科学史的研究者,特别对有志于探索时空观念的发展史的人是必读的历史文献,对一般学习西方哲学史和科学史的学生也是重要的读物。

汉译世界学术名著丛书
（120年纪念版·珍藏本）
出 版 说 明

2017年2月11日，商务印书馆迎来120岁的生日。120年前，商务印书馆前贤怀揣文化救国的理想，抱持“昌明教育，开启民智”的使命，立足本土，放眼寰宇，以出版为津梁，沟通中西，为中国、为世界提供最富智慧的思想文化成果。无论世事白云苍狗，潮流左右激荡，甚至战火硝烟弥漫，始终践行学术报国之志，无改初心。

迻译世界各国学术名著，即其一端。早在20世纪初年便出版《原富》《天演论》等影响至今的代表性著作，1950年代后更致力于外国哲学和社会科学经典的译介，及至1980年代，辑为“汉译世界学术名著丛书”，汇涓为流，蔚为大观。丛书自1981年开始出版，历时三十余年，迄今已推出七百种，是我国现代出版史上规模最大、最为重要的学术翻译工程。

丛书所选之书，立场观点不囿于一派，学科领域不限于一门，皆为文明开启以来，各时代、各国家、各民族的思想与文化精粹，代表着人类已经到达过的精神境界。丛书系统译介世界学术经典，引领时代思想，为本土原创学术的发展提供丰富的文化滋养，为推动中国现代学术和现代化进程做出了突出的贡献。

为纪念商务印书馆成立120周年，我们整体推出“汉译世界学术名著丛书”120年纪念版的珍藏本，寄望既利于文化积累，又便于研读查考，同时向长期支持丛书出版的译者、编者和读者致以敬意。

两甲子后的今天，商务印书馆又站在了一个新的历史时间节点上。我们不仅要铭记先辈的身影和足迹，更须让我们的步伐充满新的时代精神。这是商务人代代相传的事业，更是与国家和民族的命运始终紧密相连的事业。我们责无旁贷，必须做好我们这代人的传承与创造，让我们的努力和成果不仅凝聚成民族文化的记忆，还能成为后来人可以接续的事业。唯此，才能不负前贤，无愧来者。

商务印书馆编辑部

2017年10月

再版赘语

本书中译单行本原由武汉大学出版社于1982年出版，印了6,500册，早已售罄，也常有读者来信表示想购此书而不可得。现经协商，得商务印书馆及武大出版社有关负责人同意，此书将由商务印书馆再版重印，并收入“汉译世界学术名著丛书”。既要再版，译者就对原译本作了一次仔细的重新校阅。这次重校，除对照原作为底本的G本和所参照的E本外，另又对照了译者1983年赴法考察时所购得的另一莱布尼茨著作集新版本，即法国当代学者普雷南新编的《莱布尼茨著作集》（*ŒUVRES de G. W. Leibniz*, Editées par Lucy Prenant, Editions Aubier Montaigne, Paris, 1972. 以下简称P本）。P本所选的莱布尼茨与克拉克的书信，仅莱布尼茨的信登载了全文，克拉克的信则只有编者的法文详细“摘要”，并未登全文。而莱布尼茨的信的本文，P本基本上与E本一致，仅少数地方与E本不同。此次校阅时，凡E本与G本有异，初版已注明，而P本与E本相同者，即只照原注不再另加注；而P本与E本不同，或与G本相同者，则另加注明。又P本在每封信的标题下，都加了写此信的确切或大约日期，这对理解原信有一定参考价值，故也照P本补上。此外，P本在所选本书信集的最后还加了一篇“附录”，内容就是克拉克从莱布尼茨已发表的著作中选出

的一些段落，可以解释莱布尼茨在书信中所说到的一些问题的，只是所选的这些段落，大都只指明出处而并未直接摘引原文，而这些段落所从出的原作，又大都未有中译，原书也多不易得，所以我觉得此附录对我国一般读者用处不大，也就不再补译。有志于对此作深入研究者可参考原书。

这次重校除改正了一些错字或不合规范的简体字外，对原译文有不够确切处也作了一些修改以求更加贴近原文。这样的处所并不多，也增加和修改了几条注。此外则就是上述对照新得的 P 本后所作的一些修订和增补了。这次重校，虽竭其所能，但限于水平，错误疏漏恐仍难免，尚望读者指正。

本书得以再版重印，商务印书馆及武大出版社有关同志给了各方面的帮助，谨此志谢。

译　者

1991 年 9 月于珞珈山

译者弁言

莱布尼茨（G. W. Leibniz，1646—1716）和克拉克（Samuel Clarke，1675—1729）之间的一场论战，实际上是莱布尼茨和牛顿派之间关于世界的一些根本观点，特别是关于空间和时间的本性的观点的论战，不论在哲学史还是科学史上都是有重要意义的。

关于莱布尼茨的生平及其主要哲学观点，我已在所译莱布尼茨《人类理智新论》一书“译者序言”中作了较详细介绍（该书已由商务印书馆出版），这里不再多加论述。简要说来，他不仅是近代初期德国一位重要的哲学家，也是一位伟大的科学家和渊博的学者。虽然由于他所处的十七世纪后半期至十八世纪初的德国，资本主义发展比西欧其他一些主要国家如英国、荷兰、法国等都远远落后，资产阶级力量还异常软弱，这种历史条件使得莱布尼茨在哲学上未能摆脱唯心主义。但他的思想中有较丰富的辩证法因素，往往能比较敏锐地看出当时那种机械唯物主义的形而上学局限性，并对它提出切中要害的批评。他的失足处在于看到当时机械唯物主义的缺点就根本否定了唯物主义本身而转向唯心主义。他的主要哲学观点，即所谓“单子论”，就是因为看到机械唯物主义把构成万物的最后单位看作仅以广延性为本质属性的物质原子，而否认具有广延性的原子的无限可分性，是不合理的，就转而认为构成万物的最后单位根本不应具有广延或量的规定性；这样他就根本否定了它的物质性，而认为这种“单纯实体”只能是不具有量的规定性而只具有一定的质的精神实体，是某种和“灵魂”类似的东西，即所谓“单子”。他也正确地看到当时机械唯物主义把物质的本质属性仅仅归结为广延的狭隘观点既无法说明万物何以能有运动变化，也无法说明身心之间乃至一切事物之间的互相作用或影响，因而只能求助于上帝的随时干预，也就是在解释自然的过程时得求助于“奇迹”；但他自己因此就说这一切都是上帝在创造“单子”之初就预先安排好的，使每一“单子”各按自己的“前定”的本性发展而万物之间就自然彼此合拍或“和谐”，仿佛彼此互相作用或互相影响似的。这就是所谓“前定和谐”的学说，是莱布尼茨的又一主要哲学观点。这是为了排除日常的“奇迹”而求助于一个最大的、更不可思议的“奇迹”。可见他的“单子”论和“前定和谐”学说，都是为求克服机械唯物主义观点的缺陷而走向另一极端，陷入唯心主义的。但他毕竟借助于神学而达到物质与运动不可分，以及世界万物按自身规律运动发展而无须上帝干预，和万物之间存在着普遍联系或“和谐”的“秩序”等具有辩证法因素的合理思想。

在认识论上，莱布尼茨是个唯心主义的唯理论者，并站在这个立场上和以洛克为代表的唯物主义经验论进行了全面的论战，这就是他的《人类理智新论》一书的主要内容。但莱布尼茨在与唯物经验论者进行斗争的同时也力图吸收对方的合理思想。正是他在坚持基于“矛盾律”的“必然真理”的同时，又承认从经验得来的关于“事实”的判断也是“真理”，并首先提出“充足理由律”作为这种“事实的真理”的基础。尽管他并未能把理性和经验正确地结合起来，也还是表现出力图克服唯理论的片面性的倾向，对促进认识论的发展有其贡献。

撒母耳·克拉克是与莱布尼茨同时代的一位英国学者，拥有各门科学的广博知识，并且能够应用这些知识去很好地解决种种困难问题。1697年，他曾将法国的笛卡尔派物理学家雅各·罗奥(Jacques Rohault，1620—1675)的《物理学》译成拉丁文出版，并附加上了根据牛顿的观点所作的许多注释。这书曾多次再版。这样一来，他在当时牛顿派物理学和笛卡尔派物理学的争论中，为维护牛顿派观点立了大功，对牛顿的物理学观点之为人们所接受及笛卡尔物理学观点之受排斥起了很大的促进作用。他一生和牛顿有很深的友谊，也正是这种友谊，促使他把牛顿的《光学》译成拉丁文，于1706年出版。这一工作对阐明和推广牛顿关于光的理论也起了很大作用，并因此进一步赢得了牛顿的极大好感。

莱布尼茨和克拉克之间的这场论战，是通过当时英国太子威尔斯亲王的夫人进行的。这位太子妃以威廉明娜·夏洛蒂·封·安斯巴哈公主(Prinzessin Wilhelmine Charlotte von Anspach)的身份生活在娘家普鲁士宫廷中时，本来就和莱布尼茨相识。她的聪明才智得到莱布尼茨的赏识，她也以莱布尼茨的学生和朋友自居。她告诉莱布尼茨，有一天她在宫廷中和一位英国教士谈话，谈到“神正论”时，她谴责了牛顿及其信徒们关于宇宙结构的观点，相反地赞扬了莱布尼茨的观点，特别是他的“前定和谐”的学说。莱布尼茨对此作了答复，他自己对1715年11月间给这位夫人的这封复信所作的摘录，就是本书的第一篇(Ⅰ)。这位夫人把莱布尼茨这个摘录转给了那位教士，他就是克拉克。克拉克接受了挑战，提出了答复，于是这场论战就展开了。这些论战的书信就是这样通过威尔斯亲王的夫人转达的。

1715 至 1716 年这场论战进行的同时，也正激烈地进行着关于莱布尼茨和牛顿谁是微积分的第一个发明者的争论。牛顿的朋友们为了替牛顿争微积分的发明权，就竭力打击和诋毁莱布尼茨作为数学家的声誉；克拉克在这些信件中也以同样的精神力图揭露莱布尼茨哲学上的弱点，贬低他作为哲学家的声誉。这就使得论战显得异常激烈，并难免有意气用事的地方，有时显得不是那么心平气和地讲理的态度。当然，这也并不就降低了这场论战的学术意义和价值。

莱布尼茨在第一封信中先只是简短地指责了牛顿认为“空间是上帝用来感知事物的器官”的观点；并责备牛顿及其信徒们把物质世界变成了上帝所制造的一架很不完善的机器，竟须上帝时时来加以矫正和修理，即为了自然的需要也得求助于上帝的奇迹；而他自己则主张宇宙间同样的力继续保持不变，只是遵照自然规律和美妙的前定秩序而从一部分物质过渡到另一部分物质而已。莱布尼茨对牛顿及其拥护者们包括洛克提出谴责的主要理由，是说他们的观点削弱了“自然宗教”，有损于上帝的全智全能，意思也就是说他们的观点会有利于或导致唯物主义和无神论。克拉克对莱布尼茨的答复，先是为牛顿辩护，说他把空间说成是上帝的“感官”，只是一种比喻的说法；并竭力表白牛顿的《哲学的数学原理》是反对唯物主义而维护宗教的；又反过来谴责莱布尼茨自己的“前定和谐”学说才会导致“定命”和“唯物主义”；又谴责他把上帝看作“超世界的心智”，实质上是把天道和上帝的统治排除于世界之外，使上帝只成了一个“名义上的统治者”。总之，双方都以宗教卫道者自居，而谴责对方的观点有损于上帝的尊严，会导致唯物主义。这在我们今天看来，是会觉得很有趣的。两位科学史上的巨人，牛顿（克拉克在这里无非是牛顿的代表）和莱布尼茨，其实都以自己的科学成就而大有功于唯物主义，却都要竭力表白自己是反对唯物主义而维护宗教的，这是为什么呢？除了时代条件和阶级地位给他们带来的局限性，是不可能有别的合理解释的。在他们那个时代，一个不信神的唯物主义者，就意味着一个“不道德”的人！这种时代的、阶级的偏见在今天看来可能显得可笑，但在他们自己则是非常严肃的事情。这对我们来说也有一个好处（这是他们自己始料所不及的），就是在他们的互相揭露和攻击中，倒使我们更清楚地看出他们思想中的唯物主义因素，从而可以更好地评价他们的思想在促进人类认识发展上的积极意义。例如莱布尼茨的“前定和谐”学说，本来我们也许只看到它颂扬上帝的万能、维护宗教的荒谬性和反动性一面，而通过克拉克在这里的揭露，我们就可以更清楚地看出，它原来还有借一个最大的奇迹来排除其余的一切奇迹，实质上排除了上帝对一切自然过程的干预，从而使上帝只成为一个“名义上的统治者”的一面。这和那些号称“自由思想家”的“自然神论者”以此作为“摆脱宗教的一种简便易行的方法”（马克思语），不是有异曲同工之妙吗？而“自然神论”在当时是唯物主义的另一种形式。看来克拉克对莱布尼茨的这种“揭露”并没有冤枉他。克拉克的原意当然是在以此“谴责”、“贬抑”莱布尼茨，但在我们今天从马克思主义的观点看来，他倒是恰恰揭示出了莱布尼茨思想中的积极因素。这就是历史的辩证法！

随着争论的展开，某些问题的探讨越来越深入，争论的问题也越来越多了。特别是到了最后第五封信，莱布尼茨较全面地讨论了他的哲学中最重要的一些概念，如关于必然性和定命，关于意志，关于空间和时间，特别是关于虚空或空的空间，以及关于力、运动、引力作用，和关于奇迹的性质，关于“前定和谐”的意义，等等。而在这场争论中最值得重视的，就是关于空间和时间的问题。克拉克所维护的牛顿的观点，是把空间和时间看作“绝对的、实在的存在”，物体存在于时空之中，时空则并不依赖于物体而是自身独立地存在的；因此没有物质的地方也仍有空间即空的空间，时间也是如此；而物质在宇宙间只占很小一部分，宇宙的大部分乃是空的空间；如此等等。莱布尼茨则认为空间只是物体“并存的秩序”，时间则是事物“接续的秩序”，它们本身不是什么“绝对的、实在的存在”；离开了物质就无所谓空间，正如离开了物质的运动也就没有什么时间一样；空间和物质虽有区别却是不可分的，正如时间与运动虽有区别也是不可分的一样。从这样的观点出发，莱布尼茨自然就否认有虚空或空无物体的空间，从而也否定牛顿认为物质只占宇宙中很小一部分，宇宙大部分是空的那种观点，而主张整个宇宙都是充满物质的，如托利拆利氏管之类被认为真空的地方，其实只是排除了粗大的物质，但仍是充满了精细的物质，例如光线仍可穿过玻璃进入其内，光线也还是一种物质。如此等等。

莱布尼茨自称有好多理由来反对把空间看作绝对的存在，而他在这里所用的最主要的论据，则是认为把空间看作绝对的存在，就会违背他所提出的“充足理由律”。因为照他看来，这种绝对空间的各部分既是完全齐一的，就没有什么理由来说明为什么一个物体应当在这个地点而不在另一个地点。而如果把空间看作并存的秩序，而不是什么绝对的存在，则只要例如两个物体的相对位置不变，就根本没有根据来追问它们是在这一地点而不在另一地点的理由。他也认为如果把时间、空间当作绝对的存在，则它们就也将是无限的、永恒的，那样就得承认在上帝之外还有不依赖于上帝的无限的、永恒的东西了，甚至上帝本身也得依赖于空间、时间而存在，这在他看来当然又是有损于上帝的尊严的了。莱布尼茨也主张把空间和物体本身的广延、时间和事物本身的绵延分开，理由是一个事物可离开它所在的空间和时间，但无法离开它本身的广延和绵延。总之，离开了具体事物就没有什么独立存在的空间和时间，空间和时间本身只是“理想性的”东西而不是什么绝对实在的存在。

至于克拉克，则仍竭力维护牛顿的绝对时空观。对于莱布尼茨根据充足理由律提出的责难，他虽也表示承认一个事物的存在和这样存在需要有一个充足理由，但认为单单上帝的意志就可以是充足理由，因此虽然空间（或时间）的各部分是无区别的，上帝凭他的意志就可以决定一个事物应当处在这部分空间而不在另一部分空间。莱布尼茨认为这是口头上承认而实际否定了充足理由律，上帝的选择也是应当根据充足理由律的。而克拉克反对把空间和时间仅仅看作事物并存或接续的秩序或关系的一条较重要的论据，则是说秩序或关系不是“量”而空间和时间则是“量”。双方争论的具体论点和论据，原书具在，这里不多说了。

那么这争论的双方究竟谁是谁非呢？这问题当然也需要哲学史和科学史工作者来作深入的研究，不是笔者在这里能来简单下结论的。不过至少可以说，牛顿和克拉克的那种绝对时空观，在科学上今天已为爱因斯坦的时空相对论所扬弃，总不能说是完全正确的绝对真理了；就哲学上说，马克思主义的辩证唯物主义也是把时间、空间看作物质存在的形式而否认有可以脱离物质而独立存在的绝对时空的。就这方面来看，莱布尼茨反对牛顿的绝对时空观总是有其合理和正确的方面的。但这也并不意味着他用来反对绝对时空观的论据就是完全正确的，更不能说他自己对时空本性的看法就是完全正确的。例如，以把时空看作绝对的存在就会在上帝之外承认有不依赖于上帝的无限的永恒的东西为理由来反对绝对时空观就是以唯心主义神学的观点来反对有唯物主义意义的观点，至少在今天看来是错误的。而他自己把空间、时间看作是"理想性的"东西，显然就会否定时间、空间的不以人们的主观意识为转移的客观实在性，而陷入了时空观上的唯心主义。因此如果把莱布尼茨的观点和爱因斯坦的时空相对论以及辩证唯物主义的时空观来任意作比附乃至等量齐观，显然是错误的。但莱布尼茨在牛顿本人在世的时代，就能看出他的绝对时空观的局限性，并且已明确地提出空间和物质、时间和运动既有区别又不可分离的看法，总说明他有辩证法的眼光，是难能可贵、值得肯定的。

关于其他许多问题的争论，情况也大都较复杂，不能简单地下断语。即便像牛顿提出的万有引力学说，当然是科学史上的巨大成就，莱布尼茨居然也加以反对，这仿佛是唯心主义"反科学"的"明证"了。但稍作细究，也可看出牛顿关于万有引力的学说诚然是根据大量的经验和实验结果而提出的符合实际事实的理论，但他对这一事实的"原因"，则如克拉克在他给莱布尼茨的第五封回信中自己也承认的那样，是尚未能说明的。而其所以难以说明，也和牛顿承认空的空间有关。两个物体之间如果隔着的是完全空无所有的空间，则两个完全不接触的物体既“无中介”，又如何能互相吸引或发生其他作用，在理论上要加以说明就会遇到困难了。莱布尼茨所指出的正是这一点。这和他反对绝对空间因而反对真空的观点是密切相联的。这对于今天来探讨“场”如“引力场”是否物质的问题难道不是也可以有某种启发吗？为什么就不能认为他反对“万有引力”学说的观点也有某些合理因素呢？当然，这不是说莱布尼茨反对万有引力就是完全对的。他在这里也和他的整个哲学的总倾向一样，都是由反对某一基本正确的观点的某种缺点出发，而走向根本反对这一正确观点本身的错误道路。这是莱布尼茨的哲学为我们提供的理论思维上的一条深刻的教训。他在和克拉克争论的其他问题上也往往表现出类似的情况，这里就不一一论列了。

莱布尼茨和克拉克的争论，因莱布尼茨的去世而中断了。他给克拉克的第五封信亦即最后一封信，是在他逝世前几个月写的。而克拉克对此的答复，即他的第五封即最后一封回信，则可能是在莱布尼茨逝世前不久或逝世后写的，他大概根本未看见，自然也无从答复了。未能看到他对此的答复和他们之间的进一步的争论，该是一种无可弥补的损失。

莱布尼茨的信是用法文写的，克拉克的信则用英语。在这场争论中断后，克拉克就把全部信件编成一个集子出版。也许为了能产生一种均衡匀称的效果吧，在克拉克出版的书信集里，莱布尼茨的信附上了英语的译文，克拉克的信则附上了法语的译文。莱布尼茨曾再次认真地研究过他致克拉克的书信的原文,作了某些修改。他把随后叫人重抄的经修改的副本寄给了笛·梅佐(Des Maizeaux)。克拉克出版这书信集时从笛·梅佐那里得到了这个副本,把那些修改之处作为注释增补到最初的原稿上去。此外克拉克又从莱布尼茨已发表的著作中选出了一些段落作为附录,以解释莱布尼茨在书信中所论及的那些问题。克拉克所发表的这个集子书名英文全文为:*A Collection of Papers,Which Passed between the Late Learned Mr. Leibnitz and Dr. Clarke in the Years 1715 and 1716,Relating to the Principles of Natural Philosophy and Religion*(《已故博学的莱布尼茨先生与克拉克博士之间在1715及1716年有关自然哲学及宗教的原理的往来书信集》〔伦敦,1717年〕)。稍后笛·梅佐也出了一个集子,法文全名为:*Recueil de diverses Pieces sur la Philosophie,la Religion naturelle, l'Histoire,les Mathematiques etc. par Mrs. Leibniz, Clarke,Newton et autres Autheurs celebres*(《莱布尼茨、克拉克、牛顿诸先生及其他著名作者有关哲学、自然宗教、历史、数学等等的各种文件结集》〔阿姆斯特丹,1720年〕);其中第一卷就是莱布尼茨与克拉克的这十封信,不过全部只用法文本。后来爱尔特曼编的《莱布尼茨哲学著作全集》(*God. Guil. Leibnitii opera philosophica quae extant latina, gallica, germanica, omnia*, ed. J. E. Erdmann,Berlin,1840. 以下简称E本),将此书信集收入其中作为除附录外的最后一篇,即第九十九篇,标题为:*Recueil de Lettres entre Leibniz et Clarke sur Dieu,l'Ame,l'Espace,la Durée etc.* 1715—1716(《莱布尼茨与克拉克之间论上帝、灵魂、空间、绵延等等的书信集》,1715—1716 年)。E 本并标明是据笛·梅佐的本子的,因此也全部采用法文本。格尔哈特编的《莱布尼茨哲学著作集》(*Die philosophischen Schriften von G. W. Leibniz*,herausgegeben von C. J. Gerhardt. Berlin,1875—1890,共七卷,以下简称 G 本)将此书信集编入第七卷,载于第 347—440 页,标题为:*Streitschriften zwischen Leibniz und Clarke*(《莱布尼茨与克拉克论战书信集》,1715 年,1716 年)。G 本是根据莱布尼茨的手稿原件出版的,除了克拉克的最后一封信因为是莱布尼茨的手稿原件中所没有的,其余则系采自克拉克公开出版的本子。因系根据原件,所以 G 本中莱布尼茨的信只用法文本,克拉克的信则只用英文本。格尔哈特也照例在这全部书信前面加了他自己用德语写的一篇引言。

本书主要是根据 G 本翻译的,但初稿译毕后又据 E 本作了校订。因 G 本系根据原来的手稿,而 E 本则根据笛·梅佐的经莱布尼茨修改过的本子,所以同是莱布尼茨的法文原信,有些地方也略有出入。至于克拉克的信则 G 本系据英文原文,E 本则为法文译文,两种文本自然更有不尽一致处。因此凡两种版本有歧异处,都在脚注中说明,以便参照。只除了少数标点符号或着重号(原书均为疏排)不同处,则基本上仍照 G 本,但遇有 G 本未加着重号而 E 本加着重号处,也一并加了着重号,为避免烦琐计不再加注。本书所加脚注,除标明为作者或 G 本、E 本编者原注者外,均为译者所加,大都为注明两种版本的歧异,也有少量其他说明性的注释。至于 G 本编者的引言,主要为说明这一争论的缘起和经过、争论的主要问题和双方主要论点,以及有关版本等的说明,其内容大体均已采入此译者弁言中，就不再转译其全文了。

在译校和撰写此弁言过程中，承傅乐安同志帮助解决本文中所出现的拉丁文的问题，杨祖陶同志帮助解决 G 本编者引言的德文问题，并承王太庆同志据 G 本作了校阅，多所指正，一并在此谨致衷心的谢意。

译者虽力求忠实于原文，但限于学力，错误及不当之处在所难免，诚恳地希望得到读者的批评指正。

1982 年 6 月于珞珈山

目　　录

I 莱布尼茨的第一封信

1715年11月所写一封信的摘录[①]

1.[②]自然宗教本身似乎极度被削弱了。[③] 好些人使灵魂成为有形体的，另外一些人使上帝本身也成为有形体的了。2.洛克先生和他那一派的人至少是怀疑灵魂是否物质性的和自然地可毁灭的。3.牛顿先生说空间是上帝用来感知事物的器官。但如果上帝需要某种手段来感知它们，它们就不是完全依赖于他，也不是他的产物了。4.牛顿先生和他那一派还有对上帝的作品的一种很好笑的意见。照他们的看法，上帝必须不时地给他的表重上发条。否则它就会不走了。他没有足够眼光来照看到它，使它能作持久的运动。上帝的这架机器照他们看来甚至是这样不完善，以致他不得不时时用一种非常规的协助来给它擦洗油泥，甚至来加以修理，就像一个钟表匠修理他的钟表那样；这种表匠越是不得不时常把

① E本作"莱布尼茨1715年11月写给威尔斯亲王夫人殿下一封信的摘录"。

② E本此信分作四段，每段前有顺序标号。G本此信无段落顺序标号，也不分段。

③ E本此句末加一括弧，注明"（在英国）"。

他的钟表重新拨一拨和矫正一下,他就将越是个坏的工匠。照我的意见,同一种力量和活力是永远在其中继续存在的,只是遵照自然规律和美妙的前定秩序而从〔这部分〕物质过渡到〔那部分〕物质而已。并且我主张,当上帝行奇迹时,并不是为了支持自然的需要,而是为了支持神恩的需要。若作别样的判断,那就是对上帝的智慧和能力有一种非常卑下的观念。

Ⅱ　克拉克的第一次答复

〔1715 年 11 月中〕[①]

1.[②]在英国，也像在其他国家一样，有些人否定或甚至大大败坏了自然宗教本身，这是很确实的，并且很可叹息。但是(紧接着人们的罪恶感情之后[③])这主要地须归之于唯物主义者们的虚妄哲学，对这种哲学，哲学的数学原理[④]是最直接地反对的。说有些人使得人的灵魂，另一些人甚至使上帝本身都成为有形体的存在，这话也很对。但这样做的那些人，是哲学的数学原理的大敌；这原理，并且只有这原理，证明了物质或物体是宇宙的最小和最微不足道的部分。

2.洛克先生曾怀疑灵魂是不是物质性的，这一点从他的著作的某些部分看是可以引起正当疑虑的。但在这点上他只得到了某些唯物主义者，即哲学的数学原理的敌人们的追随；他们在洛克先生的著作中，除了他的错误之外就很少或没有赞成什么东西。

① 据 P 本补。

② 段落标号照 E 本，G 本此信无段落标号。

③ E 本此句作“在风俗的放纵之后”，且无括号。

④ 指牛顿的《自然哲学的数学原理》一书，1687 年出版，这里以此代表牛顿及其整个学说。

3.依萨克·牛顿爵士并没有说,空间是上帝用来知觉事物的器官;他也没有说上帝需要什么媒介来知觉事物。正相反,他是说上帝既然无所不在,是以他的直接出现在一切事物之前,在事物所在的不论何处即全部空间中,知觉到一切事物,而无须任何器官或媒介的干预或协助的。为了更易理解起见,他用了一个比喻来说明这一点:正如人的心灵,以它的直接出现在利用感觉器官在脑中形成的事物的图像或影像面前,而看到那些图像,就好像它们是事物本身一样;上帝也以他的直接出现在一切事物面前而看到它们:他是现实地出现在事物本身、出现在宇宙间一切事物面前的,正如人的心灵是出现在他脑中形成的一切事物图像面前一样。依萨克·牛顿爵士把脑和感觉器官看作是那些图像借以形成的工具,而不是当图像如此形成时心灵借以看到或知觉那些图像的工具。在宇宙中,他并不是把事物看作好像是用某种工具或器官形成的图像;而是看作实在的事物,是上帝自身所形成的,并且为他在它们所在的一切地方看到,根本无须任何媒介的干预。当他设想着无限的空间(好像)是无所不在的存在物的感官(sensorium)时,他的意思无非就是指这个比喻。

4.其所以在人们之中,一个工匠所造的机器越能长久继续正常运转而无须工人进一步插手,他就越被正当地看作技艺精巧熟练,是因为一切人类工匠的技巧都仅仅在于把某些运动物件加以组合、调节或放在一起,这些物件的运动的本原是完全独立不依于工匠的;就像那些砝码和弹簧之类,它们的力不是由工人制造出来，而仅仅是由他所调节的。[1] 但对于上帝来说，情况就大不一样了；因为他不是仅仅把物件加以组合或放在一起，而本身就是它们的原始的力或推动力的作者和继续保持者；因此，说一切事物无不在上帝的继续不断的统治和监察之下做成，这不是对他的技艺的贬低而是真正的颂扬。认为世界是一架大机器，无须上帝的插手而继续运转，就像一架时钟不用钟表匠的协助而继续在走一样，这样的概念是唯物主义和定命的概念，并且倾向于（在使上帝成为超世界的心智的借口下）把天道和上帝的统治实际上排在世界之外。据同样的理由，一位哲学家就可以把一切事物表现为从创世之初就如此进行，无须天道的任何统治或插手；一个怀疑论者[2]还会很容易再往后推论得更远，并设想事物从永恒以来就如此进行（如它们现在所进行的一样），根本没有什么真正的创造或原始的作者，而只有这些论客所谓的全智而永恒的自然。如果一位国王有一个王国，其中一切事情都将继续进行而无须他的统治或插手，或无须他的鉴临及命令做些什么，这对他来说将仅仅是一个名义上的王国；他实际上也就会根本不配享有国王或统治者的称号。而正像那些硬说在一个地上的政府中无须国王本人下令或处置任何事，事情也可以完全进行得很好的人，可以合理地被猜疑为他们大概很想把国王撇在一边一样，无论谁要是主张世界的进程无须上帝这最高统治者的继续引导也能进行下去，他的学说实际上就是要把上帝排在世界之外。

① E本此句末尾在“调节”之后还加上“和把它们结合在一起”等字样。

② G本英文为“Sceptick”（怀疑论者），E本法文为“Pyrrhonien”（“皮浪主义者”），所指是一样的，古希腊哲学家皮浪历来被看作怀疑论的主要代表。

Ⅲ　莱布尼茨的第二封信[①]

〔1715 年 11 月末〕[②]

1.[③]在那封呈给威尔斯亲王夫人并蒙亲王夫人殿下惠寄给我的信件中，[④]说紧接着罪恶感情之后，唯物主义者的原理对维护那种蔑视宗教的言行也起了很大作用，这话是有道理的。但我不认为他有理由又加上一句说，哲学的数学原理是和那些唯物主义者的原理相对立的。正相反，它们是一样的，只不过那些唯物主义者以德谟克里特、伊壁鸠鲁和霍布斯为范例，自限于只根据数学的原理，并且只承认物体；而基督徒数学家们则还承认有非物质的实体。因此，和那些唯物主义者的原理相对立的，不是数学的原理（据这名词的通常意义），而应该是形而上学的原理。毕达哥拉斯、柏拉图，部分地还有亚里士多德，对这些形而上学原理有过某种认识，而我自认为已把它们用推理证明的方式确立起来了，虽然在我

① E 本加一副标题："或对克拉克先生第一封信的答复"。

② 据 P 本补。

③ 段落标号照 E 本，G 本此信无标号。

④ 莱布尼茨手稿中无"在……信件中"字样。——G 本原注

的《神正论》中只是通俗地加以陈述的。数学的伟大基础是矛盾原则或同一原则，这就是说，一个陈述不能同时是真的又是假的，因此A是A而不能是非A。只要这一条原则，就足够证明全部算术和全部几何学，即全部数学原理了。但要从数学过渡到物理学，则还须另一条原则，如我在我的《神正论》中所已指出的，这就是需要一个充足理由的原则[①]；就是说，若不是有一个为什么事情得是这样而不是那样的理由，则任何事情都不会发生。就是因为这个，阿基米德在他那部讲平衡的书中想从数学过渡到物理学时，不得不用充足理由的大原则的一个特例；他认为大家都承认，假如有一架天平，两边完全一样，如在这天平的两端再挂上相等的重物，则整个天平仍然静止不动。这是因为没有一边下降而不是另一边下降的理由。而只要用这一条原则，即：其所以事情是这样而不是那样，必须有一个充足理由——就可以证明神性，证明形而上学或自然神学的所有其余部分，甚至以某种方式证明那些独立不依于数学的物理学原理，即动力学原理或力的原理。

2. 信中又转到另一个问题说，根据数学原理，这就是说根据牛顿先生的哲学（因为数学原理对此丝毫无所确定），物质是宇宙的最微不足道的部分。这是说他在物质之外承认有一种空的空间，而根据他的看法，物质只占据空间的很小一部分。但德谟克里特和伊壁鸠鲁也主张同样的事情，只是在这点上他们和牛顿先生或多或少有些区别；也许根据他们比根据牛顿先生看来世界上有更多的物质。在这点上我认为他们是较可取的；因为物质愈多，则上

① E本此句作“这就是充足理由原则”。

帝行使他的智慧和能力的机会也愈多；而正是因为这一点，除了其他种种理由之外，我主张根本就没有虚空。

3. 在牛顿先生的《光学》的附录中，明明白白可找到这样的话：空间是上帝的感官。而感官（sensorium）一词的意思永远是指感觉器官。允许他和他的朋友们现在作完全别样的解释吧。对此我不反对。

4. 信上设想灵魂的在场就足以使它察觉在脑中所经过的事情了。但这正是马勒伯朗士神父以及整个笛卡尔学派所否认，并且有理由来否认的。要一个东西表象在另一个东西中所经过的事，光只在场是不够的，还须有完全别样的东西。为此须有某种可解释的交通，某种影响的方式或在它们之间的东西，或者一种共同的原因[①]。根据牛顿先生的看法，空间是密切地在它所包含的物体那里，并和它等量的。由此是否就能推论出空间察觉在物体中所经过的事，并且在物体从其中出来以后还记得它呢？不仅如此，灵魂既是不可分的，人们所能想象的灵魂之直接在身体之中就只能在一点之中，那么它又是怎样察觉在这一点之外所发生的事的呢？我自认为是第一个表明了灵魂如何察觉那在身体中所经过的事的。

5. 为什么上帝察觉一切，其理由不是他的单纯在场，而是还由于他的有所作为，这是因为他用一种继续不断地产生在事物中有好处和有圆满性的东西的行动，来保持事物。但灵魂既对身体并无直接的影响，身体对灵魂也无直接影响，它们的彼此符合呼应是

① E本无“或在……原因”。

不能用在场来解释的。

6. 使人主要赞扬一架机器的真正理由，毋宁是取自机器的结果而非取自它的原因。人们对机器匠的能力，不如对他的技艺知道得多。因此人们引以赞扬上帝的机器的理由就据其全部自造而未曾从外借取质料，这是不充分的。这是人们被迫来绕的一个小弯子。使上帝优于其他机器匠的理由，并不仅仅是因为他自造了一切而其他工匠则需要另找他的原料。这样的优越性只是从能力来的。但上帝的卓越之处还另有一个理由，那是从智慧来的。这就是他的机器比其他无论怎样的机器匠的机器都更持久耐用，走得更准。买表的人并不在乎那表是否全部由一个工人自造的，或是否让别的工人造那些零件而他只加以装配调节的，只要它走得该多准就有多准就行了。而即使那工人曾从上帝接受了连那些齿轮的质料都能创造的天赋才能，要是他没有同时也接受把它们很好地装配调节的才能，则人家也还是不会满意的。同样，想求得对上帝的作品的满意的人，仅仅凭人家给我们引述的那个理由也是办不到的。

7. 因此上帝的技艺必须不会低于一个工人的技艺，甚至必须无限地超过工人的技艺。单单产生一切也许很可以表明上帝的能力，但不足以充分表明他的智慧。那些持与此相反观点的人，将恰恰陷入他们声称自己要远离的那种唯物主义者和斯宾诺莎的错误。他们认识到了事物的本原中的能力，但没有充分认识到其中的智慧。

8. 我并不是说物体世界是一架无须上帝插手而自己运动的机器或钟表，我足够坚决地主张被创造物是需要他的继续不断的影响的;但我主张这表是自己走着而无须他的矫正的;否则就得说上帝改变主意了。上帝已预见到一切,他事先已把一切都整治好了。在他的作品中有一种已经前定的和谐,前定的美。

9. 这种想法并不排除上帝的天道或统治;相反地是使这统治成为完美无缺。一种真正的上帝的天道要求一种完美的预见;但是还不仅要求他预见了一切,而且要求他为一切提供了事先已安排好的适宜的救治方法;否则他就会或者缺乏预见的智慧,或者缺乏提供补救之方的能力。他就会像一位索其诺派[①]的上帝,如儒利欧[②]先生所说的,成天瞧着。的确,照索其诺派的看法,上帝甚至缺乏对种种缺陷的预见,而照那些迫使他来改正的先生们的看法,他则缺乏补救之方。但我看这似乎也是很大的一个缺点;这得说是他缺乏能力或缺乏善意。

10. 我不信人家能有理由指责我说过上帝是超世界的心智(intelligentia supramundana)。那些不赞成这样说的人[③]难道要说他是世界的心智(intelligentia mundana),就是说他是世界的灵魂吗? 我希望不会。但是他们最好小心,别让自己并未想到就陷进那里面去了。

11. 把上帝比作一位国王,在他那里一切都自己进行而无须他参与,这比喻也不恰当,因为上帝始终保持着事物,而事物没有他

---

① Socinien,十六世纪意大利神学家索其诺(Faustus socinus)的教义的追随者,他们否定三位一体、基督的神性、魔鬼的人格、人类的原罪等。

② Jurieu,Pierre(1637—1713),法国新教神学家,以与鲍修爱,阿尔诺,倍尔等论战著名。

③ E本无"那些……的人",仅作"他们"。

就不能继续存在;因此他的王国并不是名义上的。那样比就正好像说,一位国王这样好地培养了他的臣民,并且以对他们的生存的关怀这样好地使他们继续保持才能和善意,以至无须来加以矫正,却竟然仅只是一位名义上的国王。

12. 最后,如果说上帝不得不时时来矫正自然的事物,这件事就该或者是超自然地完成的,或者是自然地完成的。如果这是超自然地完成的,就得求援于奇迹来说明自然的事物;这实际上是将一个假说归结于荒谬。因为用了奇迹,人们就可以毫不费力地说明一切。但这如果是自然地完成的,上帝就不会是超世界的心智,他就会包含在事物的自然本性之中,这就是说,他就会是世界的灵魂。

Ⅳ　克拉克的第二次答复

〔1715 年 12 月〕[①]

1. 当我说哲学的数学原理和那些唯物主义者的原理相对立时，我的意思是说，那些唯物主义者设想自然的结构是这样的，它单从物质和运动、必然性和定命的机械原理就能产生出来；而哲学的数学原理则表明相反，事物的状态（太阳和诸行星的结构体系）是这样，它不能从任何别的，而只能从一种有心智的和自由的原因产生。至于说到名称的当否，只要形而上学的结论以推理证明的方式从数学原理而来，在这个范围内，数学原理就可以（要是认为合适的话）被称为形而上学原理。——的确，要是没有一个充足理由说明为什么一件事物存在，以及为什么它是这样而不是那样，那就什么也不会有，这是很对的。因此，没有原因，就不能有结果。但这充足理由往往不是什么别的，无非仅仅是上帝的意志。例如，假定两个物质系统（或分子）是一样的，当（一切地点对一切物质都是绝对无区别的）一个系统在这里和反过来在那里也会完全是一回事时，为什么一个特殊的物质系统该被创造在一个特殊的地点，

① 据 P 本补。

就不能有其他理由，而只能仅仅是上帝的意志。要是上帝的意志没有一个预先决定的原因就无论如何不能活动，就像一架天平没有一个倒向一边的重量就不能动一样，那就会倾向于取消了全部选择能力而引进定命[①]。

2. 很多古代希腊人[②]，曾从腓尼基人取得他们的哲学，他们的哲学也被伊壁鸠鲁败坏了，的确他们一般都主张有物质与虚空，但他们不知道怎样运用数学家们的那些原理来说明自然现象。不论物质的量多么小，上帝也不会少了些对象来行使他的智慧和能力；因为其他的东西也和物质一样，都同等地是上帝行使其能力和智慧的对象。用同样的论证，也会一样可以证明，人或任何其他特殊的物种，都必须在数量上无限，否则上帝就该缺少对象来行使他的能力和智慧了。

3. 感官(sensory)一词并不是专指感觉的器官(organ)的，而是指感觉的处所(place)。眼睛、耳朵等等是器官，但不是感官。此外，依萨克·牛顿爵士并不是说空间是感官，而只是用比喻的方式，说它可以说是感官云云。

4. 从来没有设想过，为了知觉，灵魂的在场是足够的，而只是说那是必要的。若不出现在所知觉事物的影像之前，它就不可能知觉到它们。但若不是它还是一个活的实体，只是在场是不够的。任何无生命的实体，虽然在场，也知觉不到什么。而一个活的实体只有在那里才能知觉，即它或者出现在事物本身面前(如无所不在

① 照E本法文本末句当译作："那样上帝就会没有选择的自由，而这就将引进定命"。

② E本"希腊人"作"希腊哲学家"。

的上帝出现在整个宇宙面前)；或者出现在事物的影像面前(如人的灵魂是在它特有的感官之中而出现在它们面前[1])。没有什么东西能够在它所不在的地方活动或接受活动，正如它不能在它所不在的地方一样。灵魂之不可分，并不证明它只出现在仅仅一个点内。空间，不论有限或无限，是绝对不可分的，即使在思想中也是这样；(想象它的各部分彼此移开，就是想象它们移出自身之外；)[2]可是空间并不是仅仅一个点。

5. 上帝知觉事物，其实并不是由于他的单纯出现在它们面前，也还不是由于他对它们的有所作为，而是由于他是一个活的和有心智的，并且无所不在的实体。灵魂也类此(在它的狭窄范围内)，不是由于它的单纯在场，而是由于它是一个活的实体，才知觉到那些它出现在其前的影像，而对于它们，它若不出现在它们面前，它是不能知觉的。

6 及 7. 上帝的技艺的卓越处，并不仅仅在于它表现出其作者的能力，而且还在于它也表现出他的智慧，这是很对的。然而这上帝的智慧并不表现在使自然(正如一位工匠使一架时钟)没有他也能进行：(因为那是不可能的；既然没有什么自然的能力是独立不依于上帝的，如砝码和弹簧的能力独立不依于人那样；)上帝的智慧却在于一开始就构成一个作品的圆满而完全的观念，这作品就按照那原始的圆满观念，凭着继续不断地行使上帝的能力和统治，而开始和继续下去。

---

① “而出现……面前”照 E 本增补。

② E 本法文此句作“因为人们不能想象它的各部分彼此分离开，除非想象它们移出它们自身之外；”也不加括号。

8. 矫正或修改一词，当理解为不是对上帝，而仅仅是对我们而言。按照现在的运动规律的太阳系（举例言之）的现在结构，到时候将陷于混乱，而在那以后也许将被修改或被放进一种新的形式。但这种修改只是相对的，是相对于我们的概念而言的。实际上，对于上帝来说，现在的结构，和以后的混乱，以及嗣后的更新，都同样是在上帝的原始圆满观念中已构成的设计的组成部分。在世界的结构中，和在人体的结构中，都是这样：上帝的智慧并不在于使它们之中任何一方的现在结构成为永恒的，而在于能延续到认为宜有多久就有多久。

9. 上帝的智慧和预见，并不在于一开始就提供将能自行治愈自然混乱的救药。因为真正地和严格地说来，对于上帝而言，是无所谓混乱，因此也无所谓救药的，并且其实也根本没有什么自然的能力能够自己做什么事（就像砝码和弹簧相对于人来说自行工作那样）。上帝的智慧和预见却在于（如已说过的那样）一下就设计好他的能力和统治继续不断地付诸实施的事情。

10. 上帝既不是一种世界的心智，也不是一种超世界的心智，而是一种无所不在的心智，既在世界之内，又在世界之外。他在一切之中，又贯穿一切，也在一切之上。

11. 如果上帝的保持万物，意思是指他在保存和继续万物的存在、能力、秩序、倾向和运动时的实际作为和统治，则这正是我所争持的一切。但如果他的保持事物，意思所指没有别的，无非是像一位国王创造了这样一些臣民，他们从此以后将无须他来干预或安排他们之间的任何事情也是能很好地活动，这就使他实际成为一个实在的创造者，但只是一位名义上的统治者。

12. 这一段的论证，是设想上帝的任何作为总是超自然的或奇迹性的；因此它倾向于排除上帝在统治和安排自然世界方面的一切作为。但真正说来，自然的和超自然的对上帝来说是根本没有什么不同的，这只是我们对事物的概念中的区别。使太阳〔或地球〕按规则运行是我们称为自然的事；让它的运动停止一天，我们就称为超自然的。但其一并不比其他是更大的能力的结果；对于上帝说来，其一也并不比其他较多或较少是自然的或超自然的。上帝之出现在世界之中或面前，并不就使他成为世界的灵魂。一个灵魂[①]是一个复合体的一部分，另一部分是身体，它们彼此互相影响，像同一整体中的各部分那样。但上帝之在世界，不是作为一个部分，而是作为一个统治者；他作用于万物而不受任何事物的作用。他不是远离我们每个人的，因为我们（以及万物[②]）是在他之中生活着、运动着并具有我们的存在。

① E 本作“人的灵魂”。

② E 本作“以及存在的万物”。

V　莱布尼茨的第三封信[①]

〔1716年2月25日〕[②]

1. 照通常的说法，数学原理是那些在纯数学的东西如数、形[③]、算术、几何中的原理。而形而上学原理是关于更一般的概念的，例如[④]原因与结果。

2. 人家[⑤]承认我这条重要原则，即要是没有一个为什么事情是这样而不是那样的充足理由，则什么事也不能发生。但他只是口头上同意，而实际上则加以拒绝。这使人看出他并没有很好理解这原则的全部力量。因此他用了一个例子，恰恰落到了我反对绝对实在空间的一个证明之中[⑥]，这绝对实在空间是有些现代英国人的偶像。我说偶像，不是照神学的意义，而是照哲学的意义，

---

① 莱布尼茨曾注明："再答复。致威尔斯亲王夫人，1716年2月25日"——G本注。又，E本在此标题下有一副标题："或对克拉克先生第二封回信的答复"。

② 据P本补。

③ E本无"figures"（"形"）。

④ E本无"par exemple"（"例如"）。

⑤ 这里的"人家"和下面的"他"，实指通讯的对方即克拉克，因信系通过第三者转达，故用一泛指的人称代词"on"，以下常有类似情况。

⑥ E本此句无"instance qui tombe justement dans une"等字样，则当译作："为此他用了我反对绝对实在的空间的一个证明"。

就像大法官培根以往说有种族的偶像、洞穴的偶像[①]那样。

3. 因此这些先生们主张空间是一种绝对的实在的存在；但这把他们引到一些很大的困难中。因为这存在似乎应该是永恒的和无限的。所以就有人认为它就是上帝本身，或者是他的属性，他的广阔无垠。但因为它有各个部分，这就不是一种能适合于上帝的东西。

4. 至于我，已不止一次地指出过，我把空间看作某种纯粹相对的东西，就像时间一样；看作一种并存的秩序，正如时间是一种接续的秩序一样。因为以可能性来说，空间标志着同时存在的事物的一种秩序，只要这些事物一起存在，而不必涉及它们特殊的[②]存在方式；当我们看到几件事物在一起时，我们就察觉到事物彼此之间的这种秩序。

5. 为了驳斥那些把空间当作一种实体，或至少当作某种绝对的存在的人的想象，我有好多个证明。但我现在只想用人家在这里为我提供了机会的那一个。所以我说，如果空间是一种绝对的存在，就会发生某种不可能有一个充足理由的事情，这是违反[③]我们的公理的。请看我怎么来证明。空间是某种绝对齐一的东西，要是其中没有放置事物，一个空间点和另一个空间点是绝对无丝毫区别的。而由此推论，假定空间除了是物体之间的秩序之外本身还是某种东西的话，就不可能有一个理由说明，为什么上帝在保持着物体之间同样位置的情况下，要把那些物体放在这样的空间

① “偶像”原文为 idole 或拉丁文 idola，在有关培根哲学的著作中通常也译作“假相”或“幻象”，因这里说到这词本来有神学意义，故仍译“偶像”。

② E 本无“particulieres”（“特殊的”）。

③ G 本原文作“contre”（“违反”）；E 本作“encore”（“又是”），疑误；P 本也作“Contre”。

中而不是别样放法，以及为什么一切都没有被颠倒放置，(例如)把东边和西边加以掉换。但如果空间不是什么别的而无非就是这种秩序或关系，并且要是没有物体就根本什么也不是，而只是那能放置物体的可能性，则这两种状态，一种就像现在那样，另一种则相反，彼此之间就并无区别：它们的区别只在于我们认为空间本身具有实在性那怪诞的设想之中。但真实情况是：其一和其他将正好是同一回事，就像它们是绝对不可辨别的，而因此，就没有根据来追问宁取其一而不取其他的理由。

6. 对时间来说也是同样。假定有人问为什么上帝没有早一年创造一切；并且这同一个人想从这推论说，上帝曾做了这样的事，那是不可能有一个理由来说明为什么他曾这样做而没有那样做的；我将回答他说，如果时间是在有时间性的事物之外的某种东西，则他的推论将是对的，因为在各件事的接续次序保持同样的情况下，将不可能有什么理由来说明为什么这些事在这样一些顷刻而不在另外一些顷刻实行了。但这本身正证明在事物之外的那些顷刻什么也不是，它们只在它们接续的秩序之中，只要这秩序保持不变，则两种状态中的一种，如所想象的预先那一种，和现在的那另一种就将毫无不同，也不能加以辨别。

7. 由我以上所说的一切，人们可以看到我的公理并没有被很好理解，似乎被承认而实际上被拒绝了。人家说，的确，要是没有一个充足理由说明为什么是这样而不是别样[①]，则什么也没有，但

① E本作“…pourquoi il est，et pourquoi il est ainsi…”(“……为什么事物存在，以及为什么它是这样而不是别样……”)。

他又加一句说，这充足理由往往单纯或仅只[1]是上帝的意志，如当我们问在物体之间相对位置保持不变情况下为什么物质没有以另一方式放置在空间中时，就是这样。但这恰恰就是主张，上帝想望着某种事情，却无任何充足理由说明他的意志为什么要违反一切事情发生的公理或一般规则。这就重新陷入了那种空泛的无区别状态，那是我大加驳斥过的，并且[2]我曾表明那是绝对怪诞的，甚至在被创造物也是这样，并且和上帝的智慧相违反，好像他能不凭理性行事而有所作为似的。

8. 人家反驳我说，不承认这种单纯的意志，就将是剥夺了上帝的选择能力，并且将陷入定命论。但正相反，我是维护上帝的选择能力的，因为我是把它建立在符合他的智慧的选择理由上的。而且应该避免的也不是这一种定命（它无非就是最贤明者或天道的秩序[3]），而是那种既无智慧也无选择的粗野盲目的定命或必然性。

9. 我曾指出，减少了物质的量，就减少了上帝能行使其善的对象的量。人家答复我说，虚空中没有物质，也还有别的东西，他照样可以行使他的善。就算这样吧。虽然我还是不同意，因为我主张一切被创造的实体都是伴随着物质的。但我说就算这样；我回答说，更多的物质是和这同一些东西相容的，因此，始终还是减少了所说的对象。更大量的人或动物那个例子是不合适的，因为他们夺走了其他事物的地位。

① E本无“ou mere”（“或仅只”）。

② E本无“que j'ay amplement refut'e et”（“那是我大加驳斥过的，并且”）。

③ E本作“……天道的最贤明的秩序”。

10. 要使我们相信，在通常的用法中，感官（Sensorium）不是指感觉器官，那是困难的。请看鲁道尔夫·戈克林纽斯（Rudolphus Goclenius）在他的《哲学辞典》中所说的话（见 Sensiterium 条），他说：Barbarum Scholasticorum qui interdum sunt simiae Graecorum. Hi dicunt'Αισθητή ριον，ex quo illi fecerunt Sensiterium pro Sensorio，id est，organo sensationis. ①

11. 单只一种实体的在场，即使它是有生命的，也不足以有知觉：一个盲人，甚至一个心不在焉的人，就看不见什么。灵魂怎么察觉在它之外的东西，是需要解释的。

12. 上帝不是以位置而是以本质出现在事物面前，他的在场以他的直接作为表现出来。灵魂的在场则完全属于另一种性质。说它扩散在全身，这就使它成为有广延和可分的东西；说它是整个在某一身体的每一部分，这就使它本身成为可分的了。使它依附于一个点，让它分布在许多个点，所有这一切都无非是些错误的妄说，是 Idola Tribus②。

13. 如果活动的力依上帝所确立的自然规律在宇宙中消失，以致需要一种新的感受来使这种力恢复，就像一个工人补救他的机器的缺陷那样，则将不仅相对于我们发生混乱，而且相对于上帝自身也发生混乱了。他是能够预见到这一点，并且采取更好的措施来避免这样一种缺陷的；他实际上也已经这样做了。

① 拉丁文，大意是："sensiterium（感觉）：经院哲学中的外来语，它有时是对希腊文的错误摹拟。希腊人说，'Αισθμτή ριον 感觉，经院哲学家们由此把 sensiterium（感觉）当作 sensorio（感官），即感觉器官"。其中 sensiterium，E 本作 sensitorium。

② 拉丁文，即培根所说的"种族偶像"或"种族假相"。

14. 当我说上帝已预先安排好救治之方案来对付这样的混乱时，我不是说上帝让这种混乱到来，然后加以救治，而是说他已找到办法预先就防止混乱发生。

15. 致力于批评我所谓上帝是超世界的心智这一说法，是徒劳无用的；说他在世界之上并不就是否认他在世界之中。

16. 我从来没有让人有根据来怀疑，上帝的保持是否[①]一种对存在、能力、秩序、倾向和运动的现实的保存和继续；并且我相信我也许曾比其他很多人都更好地解释了这一点。但人家说：*This is all that I contended for*[②]；这就是全部争端所在。对此我回答说：仆不胜惶恐。我们争论的包括很多别的事情。问题是：上帝是否不以最有规律和最完美的方式行事？他的机器是否能陷于混乱，以致他不得不用非常的手段来加以整修？上帝的意志是否能毫无理由地行事？空间是否一种绝对的存在物？奇迹的本性何在？[③]还有大量像这样的问题，造成了一种巨大的分裂。

17. 神学家们将不会同意人家提出来反驳我的那个论点，即：对于上帝而言，自然的和超自然的并无区别。大部分的哲学家更不会赞同这论点。有无限的区别；但人家对这一点似乎没有很好考虑。超自然的是超过被创造物全部力所能及的范围的。必须来举一个例子。请看我曾常常成功地用过的一个例子。假使上帝想使一个自由物体环绕着某一固定的中心自己在空中转圈子，而没有某种其他被创造物作用于它，我说这只有由于奇迹才可能，是用

① G本作“si”（“是否”），E本作“que”（此处当译“是”）。
② 引的英语来信中原文，意即：“这正是我所争持的一切”。
③ E本此句作“sur la nature du miracle”（“关于奇迹的本性”）。

物体的自然本性所不能解释的。因为一个自由物体照自然的方式是要依切线方向脱离开那曲线的。就因为如此,我主张真正所谓物体的引力乃是奇迹性的东西,是不能用它们的自然本性来解释的。

Ⅵ 克拉克的第三次答复

〔1716 年 4 月中〕[①]

1. 这只涉及语词的意义。这里所给的定义是可以承认的;可是数学的推理是可以适用于物理学和形而上学的题材的。

2. 毫无疑问,要是没有一个充足理由来说明一个东西为什么存在而不是不存在,以及为什么是这样而不是别样,那就没有什么东西存在或这样存在了。但在那些自己的本性无区别的事物,则单纯的意志,没有任何外在的东西来影响它,就是那充足理由[②]。如那个例子,说到当一切地点都原本相似时,上帝之在一个地点而不在另一个地点创造或置放任何物质分子,就是如此[③]。即使空间不是什么实在的东西,而仅只是诸物体的秩序,情况也还是一样的。因为那仍将是绝对无区别的,并且不可能有什么其他的理由,

---

① 据 P 本补。

② 照 E 本法文本,此句当作:"但对那些本身无区别的事物,则单纯的**意志**就是给与它们以存在或使之以某种方式存在的充足理由;而这意志无须受外在原因的决定"。

③ 照 E 本,此句当作:"请看我刚才所说的例子。当一切地点虽都相似而上帝却在一个地点而不在另一个地点创造或置放一个物质分子时,除了他的意志外就没有任何其他理由"。

而只有单纯的意志,来说明为什么三个相等的分子须安放或排列成1,2,3这样的秩序而不是相反的秩序。所以,从这种一切地点的无区别性,并不能得出什么论据,来证明没有什么空间是实在的。因为不同的空间是实在地不同的,或彼此有别的,虽然它们是完全相似的。而设想空间不是实在的,但只是诸物体的秩序,则有这样一种明显的荒谬处,这就是:照那样的概念,如果地球和太阳以及月亮曾被放在最遥远的恒星现在所在的地方,只要它们曾被放在和现在一样的那样一种彼此间的秩序和距离之中,它们就会不仅曾是(如这位博学的作者正确他说的)la meme chose[①],实际上是同一回事,这是很对的;但也将推论出:它们那样就会也曾经是在和它们现在所在的同一地点,这是一种显然的矛盾。

那些[②]古代人并不是把空无物体的所有空间,而只是把超出世界之外的空间,叫做想象空间。这名称的意思并不是说这样的空间是不实在的,而只是说我们对于在那种空间中的是什么种类的东西完全无知。那些作者用想象一词,即使在任何时候曾意在肯定空间是不实在的,也并不因此就证明它是不实在的。

3. 空间不是一种存在物[③],一种永恒和无限的存在物,而是无限和永恒的存在物的一种性质[④],或其存在的一种后果(consequence)。无限的空间是广阔无垠(Immensity);但广阔无垠并不

① 法文,即“同一回事”或“同一个东西”。

② 在包含莱布尼茨与克拉克的通讯的集子中,这里有这样一条注:“这是由内附莱布尼茨的第三封书信的私人信件中的一段引起的。”这段话是莱布尼茨的信纸上没有的。——G本原注

③ G本为“being”(“存在物”);E本作“substance”(“实体”)。

④ “性质”,G本原文为 poperty,疑为 property 之误;E本为 propriété。

是上帝;所以无限空间并不是上帝。这里所引述的关于空间具有诸部分的话中也没有任何困难。因为无限空间是一[①],是绝对地并且本质上不可分的。设想空间被分开,是一种名辞上的矛盾;因为在那分隔线本身就必须有空间;这是设想它同时既被分开又没有被分开。上帝的广阔无垠或无所不在,并不是他的实体之被分为诸部分,正如他的绵延或存在的延续,并不是他的存在之被分为诸部分一样。这里并没有什么困难,而只有从部分一词的比喻式的误用所引起的那种困难。

4. 如果空间不是什么,只是并存事物的秩序,则结果就会是:如果上帝以任何速度使物质世界整个地循一条直线移动,它却会永远仍旧继续在同一个地方;并且没有什么东西会因那运动最突然的停止而受到任何冲击。而如果时间不是什么,只是被创事物的接续的秩序,则结果就会是:如果上帝比他实际所做的早几百万年创造世界,他也根本并没有早些。还有,空间和时间都是量,而位置和秩序则不是。

5. 这一段的论证是:因为空间是齐一或相似的,并且一部分和另一部分并无区别,所以在一个地点所创造的物体,如果曾在另一地点被创造(假定它们保持着同样的彼此相关位置),它们也将是在和先前的同一地点被创造。这却是一种显然的矛盾。空间的齐一性,的确证明不能有什么〔外在的〕理由说明上帝为什么须在一个地点而不在另一个地点创造事物,但难道那就阻止他自己的意志,成为对它本身的一种充足理由,说明当一切地点都无区别或相

① E 本无"是一(One)"。

似时，为什么要在任何地点行动，并且有好的理由来在某一地点行动吗？

6. 同样的推理，在这里也和前段一样适用。

7 与 8. 凡是在事物的本性中有任何区别的地方，对那区别的考虑总是决定着一个有智慧并且完全明智的行动者。但当两种行动方式是同等地并且同样好的时（如在前引的例子中那样），肯定在这种情况下上帝就根本不能行动，或者说能行动在他也不是什么圆满性[①]，因为他不能有什么外在的理由来推动他照一种方式行动而不是照另一种方式行动，这似乎是否定了上帝在他自身之中有任何开始行动的原始原则或力量[②]，而是必需（好像是机械式的）永远受外在事物的决定。

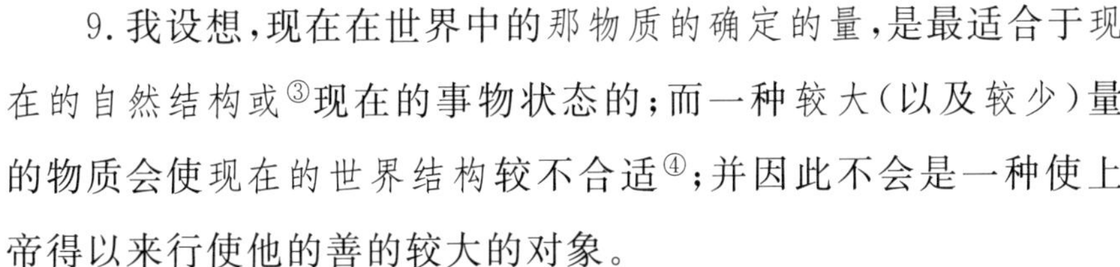

9. 我设想，现在在世界中的那物质的确定的量，是最适合于现在的自然结构或[③]现在的事物状态的；而一种较大（以及较少）量的物质会使现在的世界结构较不合适[④]；并因此不会是一种使上帝得以来行使他的善的较大的对象。

10. 当辩论是关于依萨克·牛顿爵士的书中的意义，而不是戈克林纽斯的书中的意义时[⑤]，问题不是戈克林纽斯而是依萨克·牛顿爵士用感官一词所指的是什么意思。如果戈克林纽斯把眼睛或耳朵或任何其他感觉器官当作 sensorium（感官），他当然是错

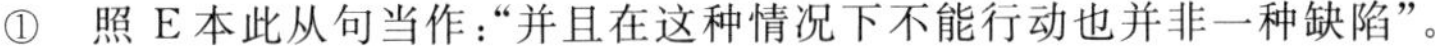

① 照 E 本此从句当作："并且在这种情况下不能行动也并非一种缺陷"。

② E 本作"行动原则"。

③ E 本无"现在的自然结构或"。

④ E 本作"较不适合于现在的事物状态"，而不是"使现在……较不合适"。

⑤ E 本无此句。

了。但当任何一位作者明确地说明了他用的任何术语是什么意思时,在这种情况下追究也许某些其他作者有时照什么不同意义用过同一个词,这又有什么用处呢?斯卡普拉(Scapula)就用 domicilium[①],即心灵所居位的地方,来说明它。

11. 一个盲人的灵魂是由于这一理由而看不见的,因为没有影像被传送到(途中有了某种障碍)灵魂在场处的感官。一个在看着的人的灵魂如何看到它在其现场的那些影像,我们不知道。但我们可确切肯定它不能知觉到它不在其现场的东西,因为没有什么东西能在它所不在的地方行动或受动[②]。

12. 上帝既无所不在,是以本质的方式并以实体的方式实在地出现在每一事物面前的;他的在场的确是以它的作为表现它自身,但它若不在那里就不能有所作为。灵魂并不是对身体的每一部分都无所不在,因此不是也不能对身体的每一部分都实际有所作为,而只能作用于头脑,或某些神经和精气,这些东西凭着上帝指定的交通法则[③]影响全身。

13 与 14. 宇宙中活动的力自行减少以致需要新的感受,这不是什么不合适[④],不是混乱,不是宇宙[⑤]的工艺缺陷,而是依赖性事物的本性的后果。这种事物的依赖性,不是一种须加矫正的事。

① 拉丁文,意即“住处”。

② 最后两句,E 本作:“我们不知道一个在看着的人的灵魂如何察觉到它不在其现场的那些影像;因为一个东西不能在它所不在的地方行动或接受印象”。

③ “交通法则”G 本原文作“Laws and communication”,“and”疑为“of”之误。E 本作“loix du mouvement”(“运动法则”)。

④ E 本无“不是……合适”。

⑤ E 本作“上帝”。

一个人类的工匠造一架机器的情况则是完全另一回事；因为那机器继续运动的能力或力是完全独立不依于那制造者的。

15. 超世界的心智一语，照这里所解释的那样，是很可以容许的。但要是没有这一解释，则这个说法很容易导致一种错误的概念，好像上帝不是实在地和以实体的方式出现在每一处所似的。

16. 对这里所提出的那些问题，答复是：上帝确是始终以最合规律和圆满的方式行动的；在上帝的工艺中没有混乱；在他喜欢在事物的结构中作出改变方面，比之在他的使之继续保持方面，并没有什么更为非常的东西；在本性上绝对相等和无区别的事物中，上帝的意志能自由选择和自行决定，并无任何外在的原因来强迫它；而能够这样做是上帝的一种圆满性。空间根本不依赖于物体的存在或秩序或位置。至于奇迹的概念，①

17. 问题并不在于神学家们或哲学家们通常允许或不允许，而在于人们对他们的意见引以为据的是些什么理由。如果奇迹只是那超出一切被创造物的能力的事，那么要一个人在水上行走，或者要太阳或地球的运动停止，就不是奇迹，因为一件这样的事需要无限的能力来加以实施②。要一个物体环绕着虚空中的一个中心作圆周运动，如果它是寻常的（如行星绕日运行那样），它就不是奇迹，不论它是由上帝自身直接引起的，还是经由任何被创造的能力间接引起的。但如果它是不寻常的（例如要一个重物悬在空中这样运动），则不论它是由上帝自身直接引起的，或由任何不可见的

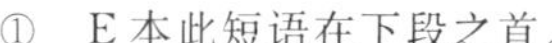

① E本此短语在下段之首。

② G本原文作“since one of these things require infinite power to effect them”，疑有误；照E本这最后从句当作“因为这两件事没有一种无限能力的干预也能完成”。

被创造的能力间接引起的，都同等地是一个奇迹。最后，如果凡是不从物体的自然能力产生并且不能用它来解释的事就是奇迹，那么不论什么动物的运动就都是奇迹。这似乎昭然若揭地表明这位博学的作者关于奇迹的概念是错误的。

Ⅶ　莱布尼茨的第四封信

对第三封英文信的答复[①]

〔1716 年 6 月 2 日〕[②]

1. 在绝对无区别的事物之间，是毫无选择的，并因此既无挑选也无意志，因为选择总得有某种理由或原则。

2. 一种毫无动机的单纯意志(a mere will)是一种虚构，不仅违反上帝的圆满性，而且也是怪诞和矛盾的，和意志的定义不相容，并且已在《神正论》中受到充分驳斥了。

3. 把三个相等和全部一样的物体安排成不论怎样的次序都是没有区别的，因此它们绝不会是只凭智慧行事者所安排的。但他作为造物主，也不会产生这样的东西，因此自然中也不会有这样的东西。

4. 没有两个个体是无法分辨的。我的朋友中有一位很精明的绅士，在赫伦豪森(Herren hausen)花园中当着选帝侯夫人[③]的面

---

① E 本副标题作“或对克拉克先生第三封回信的答复”。

② 据 P 本补。

③ 按即指普鲁士的第一位王后苏菲·夏洛蒂(Sophie Charlotte，1668—1705)，她也是莱布尼茨的朋友和哲学门徒，可参看《人类理智新论》第二卷，第二十七章 § 3。

和我谈话时，相信他准能找到两片完全一样的叶子。选帝侯夫人向他挑战要他去找，他徒然地跑了很久也没有找到。两滴水或乳汁用显微镜来观察也会发现是能辨别的。这是反对原子的一个论据，这些原子也和虚空一样受到了真正形而上学原则的打击。

5. 充足理由和无法分辨者的同一性[①]这两条伟大的原则，改变了形而上学的状况，形而上学利用了它们已变成实在的和推理证明的(demonstrative)了，反之，在过去它几乎只是由一些空洞的词语构成的。

6. 设置两件无法分辨的事物，就是在两个名称下设置同一件事物。因此，说宇宙当初会有过和它实际所处不同的另一个时间和地点的位置，而宇宙中的各部分彼此间又有和它们实际所接受的同样的相关位置，这种假设是一种不可能的虚构。

7. 使得世界之外的空间成为想象空间的同一个理由，证明了整个空的空间也是一种想象的东西，因为它们之间只有大和小的区别。

8. 如果空间是一种性质或一种属性，它就应该是某种实体的性质。那有界限的空的空间，其维护者们设想为在两个物体之间的，试问它将是什么实体的性质或情状呢？

9. 如果无限的空间就是广阔无垠(l'immensité)，则有限的空间就是广阔无垠的对立面，换句话说就是可测量性(la mensurabilité)或有界的广延。然而广延应该是一个有广延之物

① “无法分辨者的同一性”(Identité des indiscernables)，意即两件或几件事物若无法分辨，则它们就是同一事物，换句话说，凡不是同一件而是几件事物，则总是可以分辨即有区别的，如任何两片叶子都有区别而不会完全一样。这条原则也和充足理由原则一样是莱布尼茨首先提出的著名原则。

的情状。但如果这空间是空的，则它就将是一种没有主体的属性，一种无广延之物的广延。就因为这个道理，人家把空间当作一种性质，就落进了我的看法，使空间成为一种事物的秩序，而不是某种绝对的东西。

10. 如果空间是一种绝对的实在，远不是一种和实体相对立的性质或偶性，那它就比实体更能继续存在了，上帝也不能毁灭它，甚至也丝毫不能改变它。它不仅在全体上是广阔无垠的，而且每一部分也是不变的和永恒的。这样就将在上帝之外还有无限多的永恒的东西了。

11. 说无限的空间是没有部分的，这就是说它不是由有限的空间构成，而当所有的有限空间都归于无之后那无限空间还能继续存在。这就好像人家在笛卡尔派关于一个无界限的、广延的、物体的宇宙的设想中，说当构成这宇宙的一切物体都被归于无之后，它也还能继续存在一样。

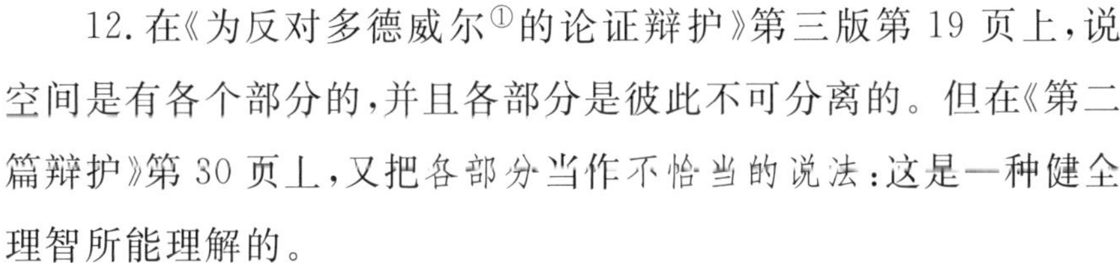

12. 在《为反对多德威尔[①]的论证辩护》第三版第 19 页上，说空间是有各个部分的，并且各部分是彼此不可分离的。但在《第二篇辩护》第 30 页上，又把各部分当作不恰当的说法：这是一种健全理智所能理解的。

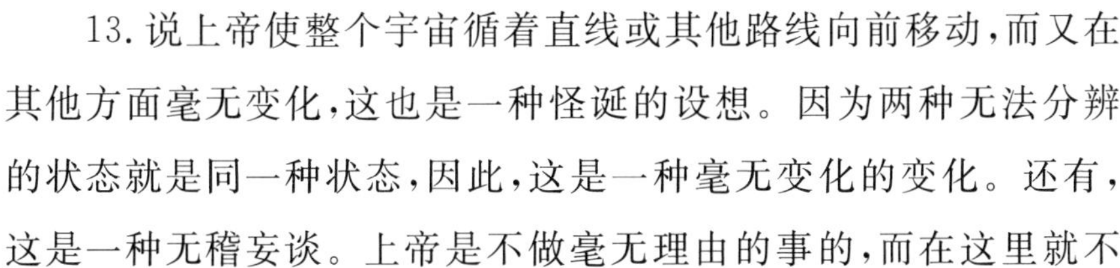

13. 说上帝使整个宇宙循着直线或其他路线向前移动，而又在其他方面毫无变化，这也是一种怪诞的设想。因为两种无法分辨的状态就是同一种状态，因此，这是一种毫无变化的变化。还有，这是一种无稽妄谈。上帝是不做毫无理由的事的，而在这里就不

---

① Henry Dodwell，死于 1711 年，英国的自然神论者，接近唯物主义的哲学家。

可能有什么理由。此外,如我刚才所说,由于这种无法分辨性,这将是 agendo nihil agere[①]。

14. 这些都是种族的偶像,纯粹是怪诞的,是肤浅的幻想。这都只是基于那想象空间是实在的这一假设上的。

15. 设想上帝曾早几百万年创造这世界,这也是同样的一种虚构,也就是说,是不可能的。那些投身于这一类的虚构的人,对那些将为世界的永恒性作论证的人就无法回答。因为上帝既丝毫不做毫无理由的事,又提不出什么理由来说明为什么他没有更早创造这世界,由此就可以推论出:或者他根本什么也没有创造,或者他在一切可指定的时间之先就已产生出世界,这也就是说世界是永恒的。但当人指出那开始,不论是什么,都始终是同一回事时,那为什么不曾是别样的问题就不再存在了。

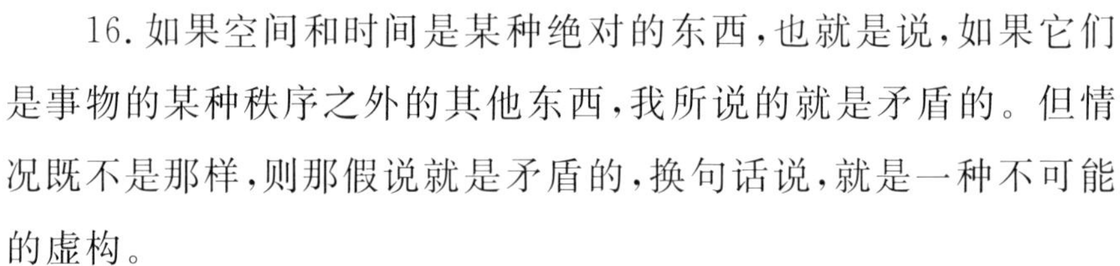

16. 如果空间和时间是某种绝对的东西,也就是说,如果它们是事物的某种秩序之外的其他东西,我所说的就是矛盾的。但情况既不是那样,则那假说就是矛盾的,换句话说,就是一种不可能的虚构。

17. 这就像在几何学中,人们有时用假设本身证明一个图形会是更大的,而实际上它并不更大[②]。这是一个矛盾,但这矛盾是在假设之中,这假设就由于这矛盾本身而被发现是假的。

18. 空间的齐一性使得既无内在的也无外在的理由来辨别其各部分并作选择。因为这种辨别的外在理由只能是建立在内在理

---

① 拉丁文,意即"做了却什么也没有做成",也可以说就是"无事忙"或"徒劳无功"。

② E 本无"而实际……更大",P 本有此从句,并加上括号。

由上的，否则就是辨别那不能辨别的东西，或者是[①]不作辨别而进行选择了。无理由的意志就会是伊壁鸠鲁派的那种偶然性。一位凭这样的意志行事的上帝就只会是名义上的上帝。这些错误的根源就在于没有留心避免那有损于上帝的神圣圆满性的事。

19. 当两件互不相容的事物一样好，并且不论就它们自身或就它们和其他事物的结合来说都是这样时，其中之一就没有什么胜于其他的地方；上帝就任何一件都不会产生。

20. 上帝绝不受外在事物而始终是受在他之内的东西的决定，这就是说，是在有任何在他之外的事物之先，就受他的知识的决定的。

21. 没有什么可能的理由，能限制物质的量。因此这种限制是不会有的。

22. 假定了这种武断的限制，人们就总能再加上点什么东西而无损于既存事物的圆满性；因此就永远得再加上点什么，以便遵照那上帝的作为的圆满性原则行事。

23. 因此不能说现在的物质的量是最适宜于其现在的构造的。并且即使是这样，也由此可见事物的现在这种构造并不是绝对最适宜的，要是它有碍于增加更多物质的话；因此就须选择另一种能容得更多事物的构造。

24. 我将很乐于看到有哪些哲学家们的篇章，其中把感官用作和戈克林纽斯不同的意思。我有理由来引证这位作者的哲学词典，以表明感官一词习惯上是怎么用的；这正是词典的用处[②]。

① E本无“辨别那……或者是”，P本也有此字句而加上括号。

② E本无“我有……用处”一句。

25.如果斯卡普拉说感官是理智所居住的地点，他也是把它理解为内感觉的器官。这样他也并没有远离戈克林纽斯。

26.感官始终就是感觉器官。照笛卡尔说，松果腺就是人们归诸斯卡普拉的那种意义上的感官。

27.在这问题上，几乎没有什么说法比给上帝一种感官那说法更不适宜的了。那似乎使他成了世界的灵魂。人们也将很难给牛顿先生对这词的用法一种能证明其正当的意义。

28.虽然这里涉及的是牛顿先生的意义而不是戈克林纽斯的意义，人家也不应该责备我引证了这位作者的哲学词典，因为词典的目的就是标明语词的用法。

29.上帝察觉在他自身中的事物。空间是事物的地点而不是上帝的观念的地点；除非仿照人们所想象的灵魂与身体的结合，把空间看作某种使上帝与事物相结合的东西；这又将使上帝成为世界的灵魂。

30.把上帝的认识和作为与灵魂的作比较，也是错误[①]的。灵魂认识事物，是因为上帝在它们之中放进了一种表象在它们之外的东西的本原。是上帝认识事物，是因为他继续不断地产生它们。

31.照我的看法，灵魂对事物有所作为，只是由于身体根据上帝已前定的和谐而适应它们的欲望。

32.但有些人想象着灵魂能给身体一种新的力量，并且上帝在世界中也是这样做，来补救他的机器的缺陷。他们是给灵魂的太多而给上帝的太少，从而使灵魂太接近于上帝了。

---

① G本为“tort”（“错误”）；E本作“tout”（“全部”），当系误植，P本也作“tort”。

33.因为只有上帝才能给自然以新的力量，而他只是以超自然的方式这样做。如果他在自然的过程中也需要这样做，那他就会是做了一件很不完美的作品了。他在世界中的情况就会像俗人归之于灵魂在身体中的情况一样了。

34.要想坚持以上帝作用于在他之外的东西为范例，主张灵魂对身体的影响这种俗人的意见，这就又使上帝太相似于世界的灵魂了。还有装作责备我的超世界的心智这一用语的那种矫情，似乎也偏向这一点。

35.灵魂直接感受的那些影像，是在它自身之内的；但它们和身体的那些影像相应。灵魂的在场是不完满的，并且只有用这种符合呼应才能解释。但上帝的在场是完满的，并且由他的作为自行表现出来。

36.人家设想灵魂的在场是和它对身体的影响相联系，用这来反对我，这是不好的，因为他知道我是否认这种影响的。

37.说灵魂散布在脑子中，这和说它散布于全身是同样无法解释的。这区别只是较多和较少的区别。

38.那些想象着活动的力在世界中自行减少的人，全不认识主要的自然法则和上帝作品的美。

39.他们将如何来证明这种缺陷是事物的依赖性的后果呢？

40.我们的机器的这种缺陷，使得它们需要修理的，正来自这样一点，即它们依赖于工人不够。因此它们的依赖于上帝[①]，远不是这种缺陷的原因，而毋宁是没有这种缺陷的原因，因为自然是如

① E本作“因此在自然中对上帝的依赖”。

此依赖于一位工匠，他是太完美了，不至于做出一个作品竟需要修理。诚然自然中每一特殊的机器是以某种方式会被弄坏的，但整个宇宙则不是这样，它是不会减少圆满性的。

41. 人家说空间并不依赖于物体的位置。我回答说，的确它不依赖于物体的这样或那样[①]的位置；但它是使诸物体可有位置的这一种秩序，由于这种秩序，诸物体在一起存在时就有了彼此间的一种位置，正如时间是关于它们先后相继的处所的这种秩序一样。而如果没有被创造物，空间和时间就只是在上帝的观念中了。

42. 人家在这里似乎承认了他对奇迹的观念不是神学家和哲学家们通常所有的观念。所以只要我的对手不得不求助于人们在通常为人接受的用法上称为奇迹并在作哲学探讨时竭力避免[②]的东西，对我来说也就够了。

43. 我恐怕人家想要改变关于奇迹的公认的意义，就会陷入一种不适当的意见。奇迹的本性丝毫不在于寻常和不寻常；否则那些怪物就会是奇迹了。

44. 有一些属于较低级一类的奇迹，是一位天使就能产生的；因为例如他就能使一个人在水上行走而不下沉。但有一些奇迹是只为上帝所保有并超出一切自然力量的，如创造或消灭的奇迹就是这样。

45. 诸物体从远处互相吸引而无任何中介，以及一个物体循圆周运行而不照切线方向离去，虽然没有任何东西阻止它这样离去，这也

① E本无“ou teiie”（“或那样”）。P本则有此词而加括号。

② E本无“并在……避免”。

是超自然的。因为这些结果都是不能用事物的自然本性来解释的。

46. 为什么动物的运动是不能用自然的力来解释的呢？诚然动物的开始是和世界的开始一样不能用自然力来解释的。

附　　笔[①]

所有赞成有虚空的人，都是让自己更多地受想象而不是受理性的指引。当我还是年轻的孩子的时候，我也曾沉溺于虚空与原子；但理性把我引回了。想象是很喜人的。人们就在这上面限制了他的探索；人们把沉思仿佛用个钉子钉死了；人们相信已找到[②]了最初的元素，一种 non plus ultra[③]。我们想让自然不要走得更远，让它是有限的，像我们的精神那样；但这是不认识造物主的伟大和威严。最小的微粒都是实际上被再分割到无穷的，并且包含着一个新的创造物的世界，而如果这微粒是一个原子，即一个整块的不能再分的物体，则宇宙就会缺少这种新创造物的世界。同样，想要自然中有虚空，是把一种极不完满的产品归之于上帝；这是违犯必需有一充足理由这条大原则的，很多人嘴上也挂着这条原则，但他们并没有认识它的力量，如我以上所已表明的，我刚才已用这条原则使人看出，空间只是一种事物的秩序，如时间一样，而绝不

① 这段“附笔”的文字在原稿及现存的抄本中均未发现。——G 本原注

此段文字的标题，G 本作 P. S.；E 本作“Apastille”（“附注”）；P 本标题为：“1716 年 5 月 12 日给威尔斯亲王夫人的信的附注（对第三封回信的最初答复）”，并将此文置于“莱布尼茨的第四封信”之前而不是其后。

② G 本、E 本均作“trouvé”（“找到”），P 本作“touché”（“触及”）。

③ 拉丁文，意即“不能再超出的东西”，或“终极之物”。

是一种绝对的存在物。且不说反对虚空和原子的其他好多条理由,只请看我从上帝的圆满性和从充足理由得来的那些理由。我认为凡上帝能放在事物之中而无损于在其中的其他圆满性的全部圆满性,都已被放在其中。然后让我们设想一个完全空的空间,上帝可以在其中放进某些物质而无损于其他一切事物;因此他就把它放进去了;因此没有什么完全空的空间;因此全部都是充满的。同样的推理也证明没有什么不再被分割的微粒。再请看从必需一个充足理由这一点取得的另一个推理证明。不可能有一条原则来决定物质充满对虚空或虚空对充满的比例。也许有人会说两者应该彼此相等;但由于物质是比虚空更为圆满的,理性要人遵守几何比例,而愈充满是愈可取的。但这样就将根本没有什么虚空;因为物质的圆满性比之于虚空的圆满性,就正如有某物比之于无物。对原子来说也是一样。能够提得出什么理由来限制自然再分割的进程呢?这些是纯粹武断的虚构幻想,是和真正的哲学不相称的。人们引用来维护虚空的那些理由,都只是些诡辩。

附　　录[①]

汉诺威

1716年6月2日

夫人:

我感谢殿下的善意,想再看看我那被遗失了的文章,我已叫人

① 此信的草稿为莱布尼茨亲笔手书,他的第四封信即装在其内。——G本原注 E本无此附录

重新抄了一份。我在这里附上对克拉克先生最后一信的答复，他和他的同道还是没有懂得这条大原则，即没有什么事物能没有一条充足理由而发生，由此就得出：上帝自身若无一条选择的理由也不会作出选择。这是在《神正论》中已驳斥过的关于空泛的无差别或绝对地绝对的命令的错误。这个错误也是虚空和原子的根源。

我觉得在我给孔蒂修道院长(l'Abbé Conti)的复信中丝毫没有什么标志着一种精神纷扰的东西；也丝毫没有什么损害牛顿先生的名誉的东西。但既然他攻击了我，我就卫护了自己，而我的用语是足够正直有礼的。当人家已给我下了战书时，为什么要劝我讲和呢？

我恐怕我们关于虚空的争论，也将和关于其他事情上的争论一样无用。我没有足够的空闲时间来花在消遣上。还有更重要的事情要做。我不相信有什么没有物质的空间。人们说成有虚空的那些实验，如跟着托里拆利①用那水银柱的玻璃管的空隙，以及跟着盖利克②用唧筒做的实验，都无非是排除了粗大的物质而已。因为那些光线，也并不是没有某种精细的物质，它们就穿过玻璃透进去了。要不是我发现关于虚空的意见有损于上帝的圆满性，正如几乎所有其他和我相反的哲学意见一样，我本来不会触及虚空问题。因为我的那些意见几乎全都是和上帝的最高理性和圆满性这一伟大原则相联系的。因此我不怕殿下会很容易地离弃您曾有暇很好加以了解的东西；殿下的深入洞察力和对上帝的光荣的热

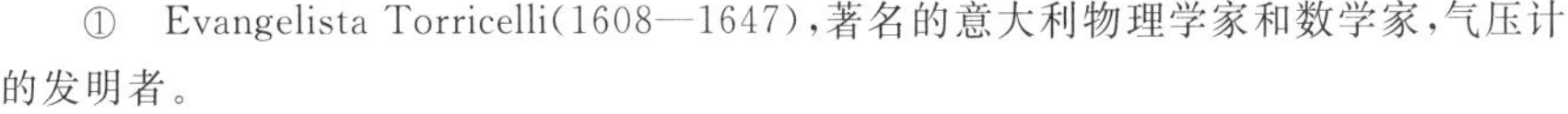

① Evangelista Torricelli(1608—1647)，著名的意大利物理学家和数学家，气压计的发明者。

② Otto von Guerike(1602—1686)，德国物理学家，特别从事于有关真空的实验。

情为我保证了这一点。

在恳请殿下将我与克拉克先生的讨论文字致送孔蒂院长时，我这样做的目的本想借此使它们传给别的朋友们；但既然院长先生已把文稿遗失了一部分，我就让人全部重抄了一遍，而我相信把这告知其他人是好的，以便这些文章不至于再这样容易地被遗失。

我丝毫没有因孔蒂院长寄给我牛顿先生的信而对这位院长先生生气；相反，这封信使我高兴，并给了我解除写信人的误解的希望。但我对院长所附的他自己的信感到惊讶；他在信中把语言全都改变了。他似乎把他曾写给我的以及我曾写给他的话全都忘了；他甚至没有像我在我的信里曾请求他那样在某件事情上小心对待我的名字；他又费神劝告我要答复他寄给我的信，好像我还需要这样一种劝告似的。因此我不得不干巴巴地答复像他那样干巴巴的一封信；但其中也丝毫没有该算冒犯了他的东西。他有权自己作主来评价和拥护他觉得好的人。如果殿下本人已对我的见解评价较前为低了，我将为此感到遗憾，但我将没有任何理由来抱怨。只要您对我保持善意就够了，而您已给了我这种善意的巨大而实在的证据。您继续对我有高度评价，从那有关《神正论》的翻译的事就使人认识到了。

这里已收到一位沙皇的使臣从施威林(Swerin)来的一封信，他要求 150 匹拉套的马，并且给他送一队卫兵到皮尔蒙(Pirmont)。这信没有标明日期。已经派了一位驿使到法布里斯先生(M. Fabrice)那里去弄清确切的日期。我但愿沙皇和丹麦国王能在美克伦堡(Meclenbourg)和荷尔斯坦(Holstein)模仿国王在不来梅(Breme)所做的事，但他们却更多地模仿国王在波兰所做的事。美尔舒(Mersch)伯爵给沙皇上了诤谏书，但须大不列颠国王和普鲁士国王也加入诤谏才行。

这里是翁当(Hontan)男爵的一篇遗作；他也参与了写有关这些事的作品；而在他死前不久曾把这篇短论寄到莱比锡，这是反对一封印好的、反对国王宣言的书信的。这短论是从公开市场上给我们弄来的，我冒昧地把它寄给殿下。作者使人看出他对国王的光荣的热情。但并没有显出他对这些问题曾作了很深入的钻研。

谨上

又及，我真惊叹事情能被弄歪曲到如此程度。(1)肯定无疑的是：新教徒之间的分裂，使得他们彼此互相谴责，互相排斥而不能同心同德，并且彼此看作有如不同的宗教，这是非常有害的事。(2)也肯定无疑的是：人们从未看到过消除分裂的更好机会了。(3)由此可见，一位很好地考虑了这些事实，有一种真正的热情，并且同时也有权威的人物，应该强烈地想着来消除或减轻如此不幸的一件事。但谈论一下教规等方面的差别，这就成为事实了吗？因为既然英国的和英国之外的宗教改革派对这些差别并不互相谴责，也并不彼此排除相互的同心同德，这就和所涉及的事毫无共同之处。还有，为了替自己没有严肃思考找借口，说每人应该按自己的信仰生活，这不也是一种歪理吗？正是因为这一点，人们应该消除这些不同心同德的互相排斥和互相谴责，因为意见的分歧并不是大到不可克服。如果我刚才所说的还不够明白，则想要把它弄明白也将是毫无用处的。我已尽了我的责任，每个人的良心将决定他自己的责任。

Ⅷ 克拉克的第四次答复

〔1716 年 6 月中〕[①]

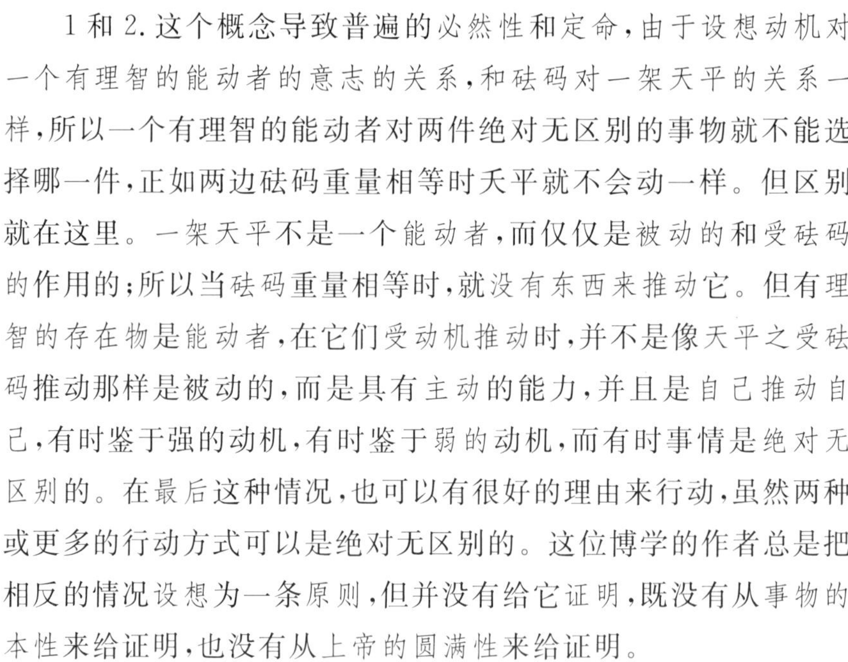

1 和 2. 这个概念导致普遍的必然性和定命，由于设想动机对一个有理智的能动者的意志的关系，和砝码对一架天平的关系一样，所以一个有理智的能动者对两件绝对无区别的事物就不能选择哪一件，正如两边砝码重量相等时天平就不会动一样。但区别就在这里。一架天平不是一个能动者，而仅仅是被动的和受砝码的作用的；所以当砝码重量相等时，就没有东西来推动它。但有理智的存在物是能动者，在它们受动机推动时，并不是像天平之受砝码推动那样是被动的，而是具有主动的能力，并且是自己推动自己，有时鉴于强的动机，有时鉴于弱的动机，而有时事情是绝对无区别的。在最后这种情况，也可以有很好的理由来行动，虽然两种或更多的行动方式可以是绝对无区别的。这位博学的作者总是把相反的情况设想为一条原则，但并没有给它证明，既没有从事物的本性来给证明，也没有从上帝的圆满性来给证明。

3 和 4. 这一论证如果是对的，将会证明上帝既未曾创造，也根

① 据 P 本补。

本不可能创造任何物质。因为全部物质的完全坚实的各部分，如果取其同等形状和大小（这在设想上永远是可能的），则是严格相似的；所以如果它们被移动地点则将是完全无区别的；而因此（照这位博学的作者的论证）上帝不可能把它们放在他在创造它们时实际所安放的那些地点；因为他可能很容易地曾把它们的位置加以更换。诚然没有两片树叶，也许没有两滴水是严格相似的；因为它们是高度复合的。但在单纯而坚实的物质的诸部分里情况就很不一样了。而且即使在复合物方面，上帝要造严格相似的两滴水也没有什么不可能。如果他竟然造得它们严格相似，它们也绝不会因为相似就变成了同一滴水。同样，一滴的地点也不会就是另一滴的地点，虽然哪一滴放在哪个地点是绝对无区别的。同样的推理，对于运动的原初决定向这一边或向相反的一边，也是一样适用的。

5 和 6. 两件事物，并非由于严格相似就不再是两件。时间的诸部分，是彼此严格相似的，也和空间的诸部分一样。可是两个时间点[①]，并不是同一个时间点，也并非仅只是同一时间点的两个名称。要是上帝只是在此刻创造了世界，它就不是在它曾被创造的那个时间被创造出来的了。而如果上帝曾造成（或能造成）物质[②]在大小方面是有限的，则物质的宇宙就必须因此在本性上是可推动的；因为没有什么有限的东西是不可推动的。所以[③]，说上帝不

① “时间点”，系照 G 本英文原文“point of Time”直译；E 本法文作“instant”，即“顷刻”。

② G 本为“Matter”（“物质”），E 本为“l’Univers”（“宇宙”）。

③ E 本此处加“由于我刚才所说，似乎”。

可能改变物质存在的时间或空间，就是使之成为必然地无限和永恒的，并且把一切事物都归于必然和定命了。

7. 超世界的空间（如果物质世界在其大小方面是有限的[1]），并不是想象的而是实在的。在世界之内的空的空间也并非只是想象的。在抽空了的容器中[2]，虽然光线和也许某种其他物质极少量存在，但缺乏抵抗力就显然表明那一空间的最大部分是空无物质的。因为物质的精细性或精微性不能是缺乏抵抗力的原因。水银是很精细的，并且由和水一样精微也和水一样流动的部分所构成，但却造成了十倍以上的抵抗力。因此这种抵抗力是产生于物质的量而不是产生于物质的粗。

8. 空无物体的空间，是一种无形体的[3]实体的性质。空间不是受物体的界限，而是同等地存在于物体之内和之外。空间不是包容在诸物体之间；而物体存在于无界限的空间之中，是只有它们自己受自身的大小的界定的。

9. 空的空间并不是一种没有主体的属性，因为我们说空的空间，绝不是指空无一切的空间，而只是空无物体。在全部空的空间里，上帝是肯定在那里的，而且可能还有很多其他实体，它们不是物质，既不能触摸，也不是我们任何感觉的对象。

10. 空间不是一种实体，而是一种性质[4]。而如果它是一种必然的东西的性质，它将因此（如所有其他必然的东西的性质必须存

① E本作“如果宇宙具有一种有界的广延”，也无括弧。

② 在印本中，这里有和前一封信中的同样的克拉克的注。——G本原注

③ G本作“incorporeal”（“无形体的”），E本作“immatérielle”（“非物质的”）。

④ “性质”，G本英文原文为“property”，E本法文作“attribut”（“属性”）。

在那样)比那些并非必然的实体本身还更必然地存在(虽然它本身不是一个实体)[①]。空间是广阔无垠的,不变的和永恒的;还有绵延也是这样。但根本不是由此就须推论出有什么在上帝之外[②]的永恒的东西。因为空间和绵延并不是在上帝之外,而是由上帝的存在所引起,是他的存在的直接和必然的后果。要是没有它们,他的永恒性和遍在性〔或无所不在〕就会被除去了。

11 和 12. 无限者是由有限者构成,其意义也无非和有限者是由无穷小者构成一样。在什么意义下空间有或没有部分,已在前面第三封信的§3[③]解释过了。诸部分,照这词的形体性方面的意义[④]说,是可分离的,复合的,不统一的,彼此独立的和能互相移动的。但无限的空间,虽然可以为我们就部分方面来加以把握,也就是说[⑤]可以在我们的想象中被设想为由诸部分构成的,但这些部分(不恰当地这样称呼)既是本质上分不开的和不能互相移动的,并且是不能分割而不陷于显然的名词上的矛盾的〔见以上第三封信§3〕[⑥],因此空间本身本质上是一[⑦]和绝对不可分的。

13. 如果世界在范围大小上是有限的,则它是为上帝的能力所

① E本无此括弧内词句。

② “在上帝之外”G本原文也作法文“hors de Dieu”,系据莱布尼茨来信原文。

③ E本无“第三封信的§3”。

④ 照G本,原文为“in the corporeal sense of the word”;照E本为:“照我们把这词用于物体时的意义”。

⑤ E本无“可以……是说”。

⑥ E本无“并且……§3”。

⑦ G本原文为“One”,E本为“Simple”(“单纯的”)。

能移动的;因此我从那能移动性得出的论证是决定性地成立的。两个地点,虽然严格相似,却并不是同一地点。同样,宇宙的动或静也不是同一状态,正如一条船的动或静,并不因为一个人被关在船舱内,只要船匀速运动就不能知觉其是否在行驶而是同一状态一样。船的运动,虽然那人对它并不知觉,也还是一种实在的不同状态,并且具有实在的不同结果,而如果一旦突然停止,就会有其他实在结果;宇宙的一种无法分辨的[①]运动情况也会是和这相似的。对这个论证,根本没有给出过任何答复。这是依萨克·牛顿爵士在其《数学原理》(定义8)中大为坚持的,在那里,从对运动的性质、原因与结果的考虑出发,他表明了实在的运动(或一个物体之被从空间的一部分带到另一部分)和相对的运动(那只是诸物体彼此间的秩序或相对位置的一种改变)之间的区别。这论证是个数学的论证,从实在的结果出发表明可以在没有相对运动的地方有实在运动,以及在没有实在运动的地方有相对运动;并且这论证不是可以单凭断定其反面来作答复的。

14. 空间的实在性不是一个假定,而是由前面的论证证明了的,对这论证从未给出任何答复。还有对那另一论证也未作任何答复,那就是:空间和时间是量,而位置和秩序则不是。

15. 对上帝来说,比他实际所做的早些或迟些创造这世界,并没有什么不可能;同样地,他把世界比它实际将被毁灭的早些或迟些加以毁灭,也不是完全不可能的。至于说到世界的永恒

① “无法分辨的”,G本原文为“indiscernable”,E本作“imperceptibie”(“知觉不到的”)。

性的概念,那些把物质和空间设想为同一的人,倒确实一定得不仅把世界设想为无限和永恒的,而且必然如此的;甚至是和那不仅依赖于上帝的意志而且依赖于上帝的存在的空间和绵延同样必然地如此。但那些相信上帝曾以他所喜欢的不论什么样的量,和在他所喜欢的任何特殊的时间、特殊的空间创造了物质的人,在这里则并未陷入任何困难。因为上帝的智慧可以有很好的理由来在他所做的那一特殊时间创造这世界;并且可以在这物质世界开始以前造出其他种类的东西,以及在这世界被毁灭之后造出其他种类的东西。

16 和 17. 空间和时间并非仅仅是事物的秩序,而是实在的量(秩序和位置则不是量),这已在上面证明了[见第三封信 § 4 及这次的信 § 13][①],而对这些证明尚未给出答复。除非对这些证明给出了一个答复,否则,这位博学的作者的论断(如他自己在这地方所承认的)就总是一个矛盾。

18. 空间的一切部分的齐一性,并不是反对上帝在任何部分、照他喜欢的任何方式行事的论据。上帝可以有很好的理由来创造有限的存在物,而有限的存在物只能在特殊的地点。一切地点既是原本相似的,即使地点不过是物体的位置,上帝之把一立方物质放在同等的另一立方物质后面而不把另一方放在那一方后面,也是一种和上帝的圆满性并无不合的选择,虽然这两种位置是完全相等的;因为可以有很好的理由说明为什么这两立方都应存在,以及为什么它们只能在同等合理的位置中的这一个或那一个位置存

① E本无方括弧内附注。

在。伊壁鸠鲁的偶然性并不是一种意志的[①]选择，而是一种定命的[②]盲目必然性。

19. 这一论证（如我现在在 § 3 所考察的）如果证明了什么的话，那就是证明了上帝既没有也根本不能创造任何物质；因为物质的相等和相似的各部分的位置只能原本是无区别的；正如它们的运动原本决定向这一边或向相反的一边也是无区别的一样。

20. 这一点对于我们面前的论证来说想要证明什么，我不懂。

21. 说上帝不能限制物质的量，这个论断的后果太巨大了，不能没有证明就予以接受。如果他也不能限制绵延，那么这物质世界就必然地并且以独立不依于上帝的方式既是无限的又是永恒的了。

22 和 23. 这一论证（如果它是对的）将会证明，凡是上帝能够做的，他就不能不做；因此他就不能不使每件事物都成为无限的，每件事物都成为永恒的。这就使他根本不成其为统治者，而仅仅是必然的能动者，那也就是说，其实根本不是能动者，而仅只是定命、自然、必然性。

24—28. 关于感官这词的用法（虽然依萨克·牛顿爵士只是说它好像是感官），在我的第三封信 § 10，第二封信 § 3，以及第一封信 § 3 中已经说得够了[③]。

29. 空间是一切事物的地点，也是一切观念的地点，正如绵

---

① E 本无“意志的”。

② E 本无“定命的”。

③ E 本此段作：“这里又回到感官这词的用法，虽然牛顿先生在用这词时是用了一种缓和语气的措辞（correctif）。没有必要在我对这点已说过的之外再加点什么了”。

延是一切事物的绵延，也是一切观念的绵延一样。这并没有使上帝成为世界的灵魂的倾向，这一点见以上第二封信§12。没有什么上帝和世界之间的联结。人的心灵也许可以被说成它所知觉的事物的影像的灵魂，这比把上帝说成世界的灵魂也合适多了，上帝是到处出现在世界面前，随他喜欢作用于世界而不受世界的作用的。虽然这答复已经在上面给出了（第二封信§12），但同样的反驳还是一而再、再而三地重复提出，而并未对这答复给予任何注意。

30. 所谓一种表象的原则[①]是什么意思，我不懂。灵魂辨别[②]事物，是由于具有通过感觉器官传送给它的事物的影像；上帝辨别事物，是由于出现在事物本身的实体之前和之中。不是由于继续不断地产生它们；（因为他并不[③]从他的创造工作退下来休息）而是由于他对他在开始所创造的每一事物都继续不断地无所不在。

31. 说灵魂应该并不作用于身体，而身体，仅仅由于物质的机械的推动[④]，却在无穷多样的一切自发的动物运动[⑤]中自行符合灵魂的意志，这是一种持续不断的奇迹。前定和谐只是一句空话或生造的术语，丝毫无助于说明如此奇迹式的一种结果的原因。

32. 设想在自发的动物运动中，灵魂并没有给物质以新的运动

① 这里用的是莱布尼茨来信中的法文原文“Un principe représentatif”。

② “辨别”，照G本原文为“discerns”；E本作“察觉”（“aperçoit”）。

③ E本无“并不”。

④ “推动”，G本为“impulse”，E本作“mouvement”（“运动”）。

⑤ “动物运动”，G本为“animal-motion”，E本作“mouvemens”（“运动”）。

或感受，而是一切自发的动物运动都由物质的机械推动所完成，这就是把一切事情都归结为只是定命和必然性。说上帝之在世界上作用于每一事物，遵照着他所喜欢的任何方式，和事物没有任何联结，并且不受任何事物的作用；这就显然地表明了一位无所不在的统治者和一个想象的世界灵魂之间的区别。

33. 每一活动（就事物的本性说）[①]都是给接受活动的事物一种新的力。否则它就并非实在的活动，而只是被动性，就像在一切运动的机械的无生命的传递的情况中那样[②]。所以如果给予一种新的力是超自然的，那么上帝的每一活动就都是超自然的，而他就完全被排除在对自然世界的统治之外了。而[③]人的每一活动，要么也是超自然的，要么人也就像一架时钟一样仅仅是一架机器。

34 和 35. 真正的上帝概念和世界灵魂概念之间的区别，前面在第二封信 § 12 以及这封信 § 29 和 32 中[④]已经表明了。

36. 这在刚才上面的 § 31[⑤] 中已经答复了。

37. 灵魂并非散布于整个头脑，而是在那特殊的地点，那就是感官。

38. 这只是一个断言，而并没有证明。两个物体，没有弹性，以相等的相反的力碰到一起，就两者都失去其运动。依萨克·牛顿

① E 本无括弧内词句。

② E 本作“就像在一切运动的机械规律中那样”。

③ E 本作“由此也可推论出”。

④ E 本无“在……中”。

⑤ E 本无“的 § 31”。

爵士已给出过一个数学的例证(见其《光学》拉丁文版 341 页)[①],在那里表明运动是在量上继续不断地减少和增大,而并没有以此传递给其他物体的。

39. 这并不是如这里所设想的什么缺陷,而是惰性物质的正当而合适[②]的本性。

40. 这一论证(如果它是对的)证明了物质世界[③]必须是无限的,并且它必须曾从永恒迄今和必须继续以至永恒;还有上帝永远必须是他可能创造多少就曾创造了多少人和所有其他事物,并且在时间上也是,他可能做到多久,就这样做多久[④]。

41. "一种使诸物体可有位置的秩序"(或位置),这话是什么意思,我不懂。这在我看来似乎等于说位置是位置的原因。空间并不仅仅是诸物体的秩序,这在前面第三封信 § 2 和 4[⑤] 中已指出过了;而对那里所提出的论证并没有给予答复,这一点在这封信的 § 13 和 14[⑥] 中也已指出来了。时间并不仅仅是彼此相继诸事物的秩序,这也是很显然的,因为时间的量可以较大或较小,而那秩序却继续是一样。在时间上彼此相继诸事物的秩序并不是时间本身。因为它们可以在同一相继秩序中彼此相继得较快或较慢,但并不能在同一时间中这样做。假如没有被创造物存在过,上帝的遍在性和他的存在的继续性,却将会使得空间和绵延是和它们现

① E 本无括弧内词句。

② "正当而合适",G 本为"just and proper",E 本作"véritable"("真正")。

③ "物质世界",E 本作"unlvers"("宇宙")。

④ 照 E 本"并且"以下可译作"并且他可能做到多久,就把它们造得存在多久"。

⑤ E 本无"第三……和 4"。

⑥ E 本作"在这第四封信"。

在的那样完全一样的。

42. 这是由理性转而诉诸通俗的意见了，这是哲学家们不应该做的，因为这[①]不是真理的尺度。

43. 不寻常性是必然包含在奇迹的概念之中的[②]。因为否则就没有什么比有些我们叫做自然的事情更令人惊奇，也要求更大的能力来引起的了，就像天体的运动，植物和动物的生殖和形成，等等。可是这些事仅仅是出于这个原因而并不是奇迹，就因为它们是普通的，然而，并不能由此得出结论，说凡是不寻常的事，就因此是奇迹。因为它可以仅只是寻常的原因的不正规和较罕见的结果。属于这一类的如日月蚀，怪胎，人的疯狂，以及常人称为怪异的无数事物。

44. 这是对我所引证的看法的一种让步。可是，设想一位天使能行奇迹，是和神学家们通常的意见相反的。

45. 说一个物体竟能无任何中介[③]而吸引另一物体，这其实不是一种奇迹而是一种矛盾。因为这是设想某种东西在它所不在的地方活动。但两个物体借以彼此吸引的中介可以是不可见和不可触的，是属于和机械作用不同的本性的；可是，正规的和恒常的活动很可以被叫做自然的，远不如那动物的运动令人惊奇，那是从未被称为奇迹的。

46. 如果自然的力这个词在这里意指机械的力，那么一切动物，甚至包括人，都和钟表一样仅仅是机器。但如果这词意思不是

① E本“这”作“通俗意见”。

② E本作：“奇迹的观念必然包含罕见和非常事物的观念”。

③ 这是引的莱布尼茨的法文原文：“sans aucun moyen”。

指机械的力，则引力作用可以是由正规而自然的力引起的，虽然它们不是机械的[①]。

① G本此信至此结束，E本则加下列附注：

注意：对莱布尼茨先生在他第四封信的附注中所插入的那些论证，在上面已作了答复。唯一需要在这里指出的是：莱布尼茨先生在维护物理的原子的不可能性时，（我们之间不涉及数学的点的问题，）维护了　种显然荒谬的主张。因为在物质之中要么有一些完全坚实的部分，要么没有。如果有这样的诸部分，并且通过把它们再分割我们得到一些新的粒子，它们全都有同样形状，同样大小，（这永远是可能的，）则这些新的粒子就将是完全相似的物理原子。如果说在物质之中没有完全坚实的那些部分，则在宇宙之中就根本没有物质；因为我们越是把一个物体分割再分割，以求最后达到完全坚实而无空隙的诸部分，那些空隙对这物体的坚实物质的比例就越大，我说这比例是越来越增大的。那么，如果把这分割再分割的过程推进到无限，也不可能达到完全坚实而无空隙的各部分，则由此将得出结论说那些物体是全由空隙构成的，（因为这些空隙对坚实部分的比例不断增大，）并因此根本就没有物质；这是显然荒谬的。对于构成那些特殊种类的物体的物质来说，这推理也是同样适用的，只要人们假定那些空隙是空的，或者是充满了一种异样的物质的。

P本载此注的摘录，并加标题："对附注的答复"。

Ⅸ　莱布尼茨的第五封信

第四次答复[1]〔1716 年 8 月中〕[2]

关于前信的 1 和 2

1. 这一回我将更加充分广泛地来回答，以便阐明那些困难之点，同时来试一试，看人家是否有那样的性情来证明自己是讲理的和表明对真理之爱，还是将只作强辩而丝毫无所阐明。

2. 人家往往把必然性和定命强行归咎于我，虽然也许没有人比我在《神正论》中更好、更深入地解释过自由、偶然性、自发性作

---

① E 本副标题作“或对克拉克先生第四封回信的答复”，并附如下脚注：

在这第五封信的伦敦版中，在边上有多处增加和改正，是莱布尼茨把它寄给笛·梅佐先生时所作的。克拉克先生在一段放在此信头上的小小声明中谈到了这一点，声明内容是这样的：“印在下一封信边上那些不同的教言，是莱布尼茨先生在此信另一抄本中亲手所作的修改，那抄本是在他去世前不久寄给他在英国的一位朋友的。”但在本版中这些增加和改正之点已插入本文，并因此已使这第五封信和莱布尼茨先生寄给笛·梅佐先生的原本手稿相符合。——法文版编者（笛·梅佐）注

G 本和 P 本均无此注。

② 据 P 本补。

为一方，和绝对必然性、命运机遇[①]、强制作为另一方，两者间的真正区别的了。我还不说他是否因为有意想这样干所以这样干的，虽然我本来可以这样说；或者这种归咎是否出于善意，出于对我的见解尚未作仔细掂量。我马上就来试验一下我对此当作的判断，并准此行事。

3. 的确，理性在贤明人心中起作用，和动机在无论什么人心中起作用，就相当于重量在天平中引起的结果一样。人家反对说，这种概念导致必然性和导致定命。但他只是这样说而未加证明，也没有认识到我先前已给过解释来消除人们对此可能提出的疑难。

4. 也似乎他是在玩弄歧义。有些必然性是必须承认的。因为必须在一种绝对的必然性和一种假设的必然性之间作出区别。也必须区别这样两种必然性：一种必然性之所以成为必然性，是因为其对立面蕴涵着矛盾，它被叫做逻辑的、形而上学的或数学的必然性；另一种是道德的必然性，它使贤明者选择那最好的，并使一切心灵遵循那最大的倾向。

5. 假设的必然性是这样的必然性，即关于上帝的预见和预先安排[②]的假定或假设，把它强加在未来的偶然事物上的必然性。

① 这里的“命运机遇”，原文为“hazard”，通常也可译作“偶然性”，但它在这里的意思是与本句上文的“偶然性”（原文为“contingence”）有别甚至对立的，故改译如上。上文“莱布尼茨的第四封信”§18（以及相应的“克拉克的第四次答复”§18）所说的伊壁鸠鲁派的“偶然性”，原文也就是“hazard”，在那里仍照通常译法作“偶然性”（克拉克原文为“chance”）。

② E本无“和预先安排”。P本也有，但放在“预见”的前面，作“预先安排和预见”。

而这是必须承认的，除非照索其诺派[1]那样否认上帝能预知未来的偶然事物，和能有规范及支配事物细节的天道。

6. 但不论这种预知或这种预先安排都无损于自由。因为上帝受最高理性所使，在许多事物的序列或可能的世界中选择了这样的一个，其中那些自由的创造物，虽然不是没有他的协助，却将会采取这样或那样的决定；他借此已一劳永逸地使一切事物都确定了，而并不因此损害这些创造物的自由：这一单纯的选择命令，并不改变而只是实现了上帝在他的观念中所看到的这些创造物的自由[2]本性。

7. 至于道德的必然性，它也同样无损于自由。因为那贤明者，尤其是上帝（至高无上的贤明者），在选择那最好的时，并不因此而较少自由；相反地，不受妨碍去做那最好的事，这是最完全的自由。当另一个人照着最明显和最向往的善来作选择时，他在这一点上就是按其禀赋的比例仿效贤明者的自由；如果没有这一点，那选择就将是盲目的碰运气。

8. 但那善，不论是真的或表面显得如此的，一句话就是那动机，是只引起倾向而并不迫使必然的，换句话说，并不强加一种绝对必然性。因为当上帝（举例言之）选择那最好的时，那他未选中的，和在圆满性上较次的，仍然不失为可能的。但如果上帝所选择的是必然的[3]，则所有其他的办法就将是不可能的，是与假设相反的；因为上帝是在可能的之中进行选择，换句话说，是在这样许多

① 参阅以上《莱布尼茨的第二封信》§9及有关的注（第20，21页）。

② E本无“自由”；P本也有。

③ E本作“是绝对必然的”。

办法之中作选择，其中没有一种是蕴涵着矛盾的。

9. 但是，说上帝只能选择最好的，并且想由此推论说他未选中的就是不可能的，这是把能力和意志、形而上学的必然性和道德的必然性、本质和存在这些名词混淆了。因为必然的东西是由于其本质而成为必然，因其对立面蕴涵着矛盾；而存在着的偶然的东西，是靠事物的最好的充足理由原则而有它的存在。正是因为这一点，我才说动机只是引起倾向而并不迫使必然；偶然的事物中也有一种确定无误性，但没有一种绝对必然性。与此相联系，在以下第73和第76段还将谈到。

10. 在我的《神正论》中，我已充分表明，这种道德的必然性是可喜的，符合上帝的圆满性，符合关于存在的大原则，这就是需要一个充足理由的原则；反之，绝对的和形而上学的必然性则有赖于我们推理的另一条大原则，那是关于本质的原则，换句话说就是同一原则或矛盾原则：因为那绝对必然的东西，是在许多办法中唯一可能的，它的反面是蕴涵着矛盾的[1]。

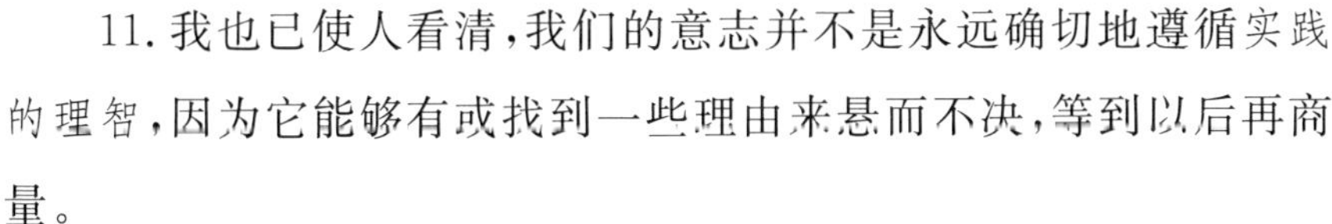

11. 我也已使人看清，我们的意志并不是永远确切地遵循实践的理智，因为它能够有或找到一些理由来悬而不决，等到以后再商量。

12. 在这以后还把一种绝对的必然性归咎于我，对我以上所述深入事物底蕴，也许超出别处所见的那些考虑，竟然一句话也不说，这将是一种不可理喻的固执己见。

13. 关于人家也归咎于我的定命问题，也是一种歧义。有伊斯

---

[1] “它的反面是蕴涵着矛盾的”一句，E本作“并且无矛盾的”。

兰教的定命(fatum Mahometanum),斯多阿派的定命(fatum Stoicum),基督教的定命(fatum Christianum)。土耳其人讲的定命是要原因得避免时结果也仍将产生,好像有一种绝对的必然性似的。斯多阿派讲的定命是要人宁静:因为人既无法抗拒事物随后的结局,就必须逆来顺受强行忍耐。但人们承认也有基督教的定命,一切事物的一种确定的命运,是由上帝的预知和天道神意所支配的。定命(fatum)一词是由命(fari)引申出来的,原意即宣布、宣告,在常识里它就意指出于天道神意的命令。而那些由于对神圣圆满性的认识而服从这种定命的人,对上帝之爱是这种认识的后果(因为它就在于这种认识所给予的愉快),他们不仅仅是像异教哲学家们那样采取忍耐的态度,而且甚至对上帝所安排的很满意,知道他所做的一切都是最好的;并且不只是为一般的最大的善,而且是为爱他的人们的特殊的最大的善来做这一切的。

14. 我曾不得不拉长一些,以便一下子摧毁那些无根据地归咎于我的看法,如我希望以这些解释在公平正直的人心中所能做到的那样。现在我就来考察人家在这里对我提出的一种反驳,即反对我把一架天平的砝码和意志的动机作比较。人家反驳说,天平是纯粹被动的,是受砝码推动的,反之,有理智和赋有意志的能动者则是主动的。对此我回答说,需要一个充足理由这条原则是主动者和被动者所共同的。它们的主动行动也和它们的被动一样需要一个充足理由。不仅天平在两边受同等重量的作用时是不动的,那两边相等的砝码处在平衡状态时也是不动的,好比这一边就不能下降,要是那一边不同时上升的话。

15. 还得考虑到,确切地说,动机并不是像砝码作用于天平那样作用于心灵，而毋宁是心灵据动机以行动，动机就是心灵的行动趋向。因此如果像人家在这里所希望的那样想让心灵有时宁可要弱的动机而不要较强的动机，甚至宁可要漠然无区别状态而不要动机，那就是把心灵和动机割裂开，好像动机是在心灵之外，就像砝码和天平分开似的；并且好像心灵中除了动机之外还有其他据以行动的趋向，心灵将据以拒绝或接受那些动机似的。反之，真实情况是动机包括了心灵为了有意志的行动所能有的一切趋向，因为它们不仅包括理性，而且还包括来自情感或其他先前的印象的种种倾向。因此如果心灵宁可要弱的而不要强的倾向，那它就会是逆着自身行事，并且和自己的行动趋向不一致地行事了。这就使人看出，这里和我的概念相反的那些概念，是很肤浅的，对它们仔细考虑一下，就可发现丝毫没有什么坚实的东西。

16. 又说当心灵没有任何动机，当事物绝对无区别的时候，如人家在这里所解释的那样，心灵也有很好的理由来行动，这是一个显然的矛盾。因为如果它有很好的理由来采取它所取的那一边，事物对它就不是无区别的了。

17. 还说，当一个人有理由来行动时，即使行动的方式将是绝对无区别的，他也将行动，这也是非常肤浅地、以一种很站不住脚的方式说话。因为在这种情况下，当一个人没有一条要这样地行动的充足理由时，他就没有一条来行动的充足理由①，因为一切行动都是个别的而不是一般的，也不是从其环境中抽象出来的，并且

① E本作："因为当一个人不是也有一条要这样地行动的充足理由时，他就绝没有一条行动的充足理由"。

需要某种方式来加以实现。那么,当有一条充足理由来这样地行动时,也就有一条以这样的方式来行动的充足理由,而因此方式也就不是无区别的。每当一个人有对于一个单独的行动的充足理由时,他也就有对于他的一切[①]要求的充足理由。再请看下面第66段所要讲的。

18. 这些推理论证是一目了然的,人家竟归咎于我,说我提出我的需要一条充足理由这一原则,并没有得自事物的本性,或得自上帝的圆满性的任何证明,这是很奇怪的。因为事物的本性就在于:一切事情都预先有它的条件、要求和适当的趋向,这些的存在就成为它的充足理由。

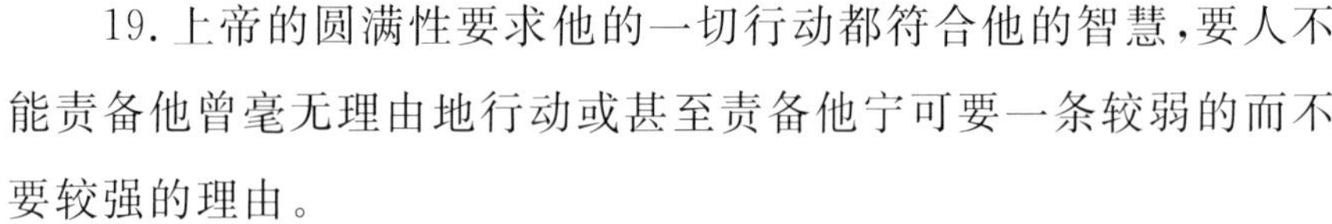

19. 上帝的圆满性要求他的一切行动都符合他的智慧,要人不能责备他曾毫无理由地行动或甚至责备他宁可要一条较弱的而不要较强的理由。

20. 但我将在此信的末尾更充分地谈谈关于一切事情都需要一条充足理由这一大原则的坚实性和重要性,推翻这条原则就会推翻整个哲学的最好部分。因此,这里人家想说我以此犯了以待决问题作为论据的错误,是很奇怪的;并且他也似乎是想要坚持一些站不住脚的意见,因为他已归结到要拒绝我这条大原则,这是理性的最本质性的主要原则之一。

关于 3 和 4

21. 必须承认,这条大原则虽然已被认识,但还未被充分运用。

① E本无“一切”。

这也就是为什么第一哲学迄今还如此贫乏、如此缺少推理证明的大部分理由。我从这原则除了推出其他结论之外，还推论出在自然中没有两个实在的存在物是绝对无法分辨的；因为如果有那样的东西，上帝和自然对待这个和对待另一个不一样就是毫无理由地行事；因此上帝不会产生两份完全同等和一样的物质。人家回答了这一结论，却并不否定其理由，而他对此的回答用的是一个很软弱无力的反驳。这一论证（他说），如果它是对的，将会证明上帝不可能创造任何物质。因为完全坚实的几部分物质，如取其相等和同样形状的，（这是一个可能的设想，）则它们就会成为一个严格地和另一个一样。但设想这种完全的相合，显然是一种以待决问题为论据的做法，照我看这种完全的相合就是不能承认的。这种关于两个无法分辨的东西的设想，如彼此完全相合的两部分物质那样，抽象地说似乎是可能的；但它是和事物的秩序，也和上帝的智慧不相容的，在那里丝毫容不得无理由的事情。俗人想象着这样的事物，是因为他们满足于不完全的概念。这也是原子论者们的缺点之一。

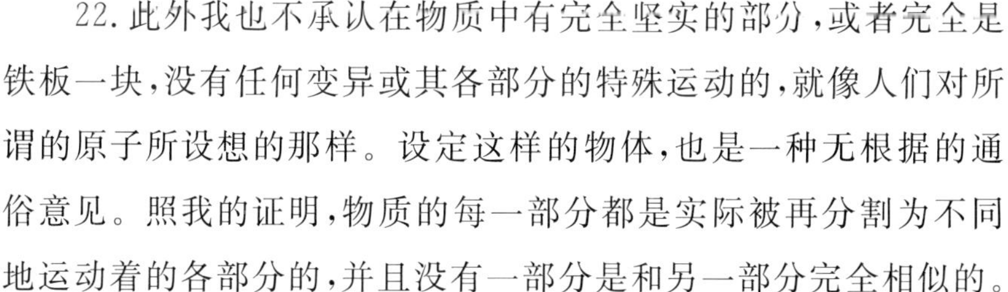

22. 此外我也不承认在物质中有完全坚实的部分，或者完全是铁板一块，没有任何变异或其各部分的特殊运动的，就像人们对所谓的原子所设想的那样。设定这样的物体，也是一种无根据的通俗意见。照我的证明，物质的每一部分都是实际被再分割为不同地运动着的各部分的，并且没有一部分是和另一部分完全相似的。

23. 我曾经引述过，在可感觉的事物中，人们绝找不到两件无法分辨的东西，并且（例如）人们在一个花园中找不到两片树叶，也找不到两滴水是完全一样的。人家承认对树叶来说是这样，而对水滴来说也许(perhaps)是这样。但他对于水滴也可以这样承认而不必犹豫,或[1]不必说 perhaps[2](一个意大利人会说 senza forse[3])的。

24. 我相信在可感觉的事物中所发现的这些一般的观察,也相应地发现于不可感觉的事物中。在这一方面我们可以说,就像阿勒更[4]在《月亮皇帝》中所说的那样:一切都和这里一样。而这是对那无法分辨的东西的巨大成见,以致人家找不到它的任何例子。但他反对这一结论:因为(他说)可感觉的物体是复合的,反之他主张有些不可感觉的物体是单纯的。我再回答说,我不同意这一点。照我看,没有什么东西是单纯的,只有那些真正的单子除外,它们是既没有部分也没有广延的。单纯的物体,甚至那完全一样的东西,都是由那关于虚空和原子的错误设定而来的结果,或者此外也是那种懒散哲学的结果,这种哲学不把对事物的分析充分进行到底,并想象着能够达到自然界最初的物质元素;因为这可以满足我们的想象。

25. 当我否认有两滴水完全一样,或两个其他物体无法分辨时,我并不是说就绝对不可能这样设定,只是说这是违反上帝的智慧的事情,因此是不存在的。

---

① E本无"不必犹豫,或"。

② 这是引的克拉克信中所用英语原文,意即"也许"。

③ 意大利文,意即"不要'也许'","毫无疑问"。

④ Arlequin,十七世纪以来欧洲戏剧舞台上很流行的一个滑稽人物的名字。

关于 5 和 6

26. 我承认如果有两个完全无法分辨的东西存在，它们将是两个。但这种设想是不对的，是违反理性的大原则的。那些庸俗的哲学家，当他们相信有 solo numero[①] 不同的事物，或仅仅因为它们是两个而且不同的事物时，他们是弄错了；而他们关于那他们叫做个体化原则的困惑正是由于这种错误而产生的。形而上学通常只是处理单纯关于名词的学说，就像哲学辞典那样，而并没有来作关于事物的讨论。肤浅的哲学，如原子论者和虚空论者们的哲学，生造了一些较高级的理性所不承认的东西。我希望我的证明将会改变哲学的面貌，尽管有人家在这里用来反对我的那样一些虚弱的矛盾。

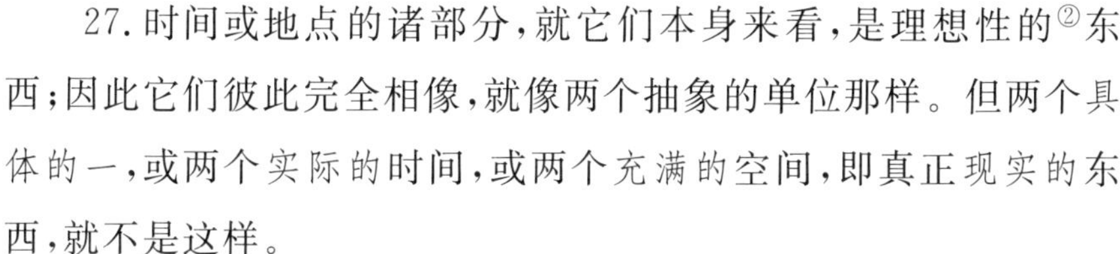

27. 时间或地点的诸部分，就它们本身来看，是理想性的[②]东西；因此它们彼此完全相像，就像两个抽象的单位那样。但两个具体的一，或两个实际的时间，或两个充满的空间，即真正现实的东西，就不是这样。

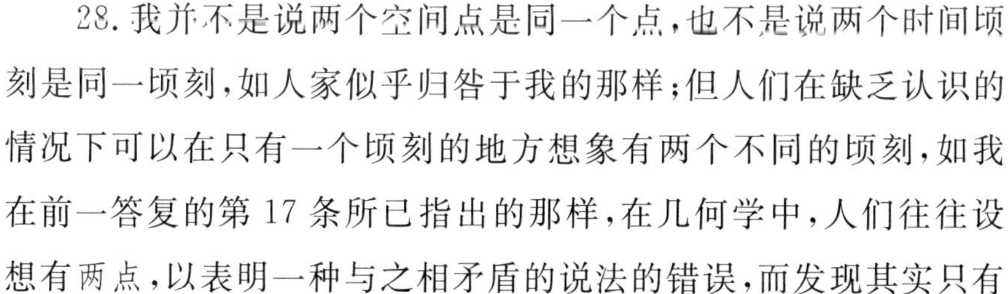

28. 我并不是说两个空间点是同一个点，也不是说两个时间顷刻是同一顷刻，如人家似乎归咎于我的那样；但人们在缺乏认识的情况下可以在只有一个顷刻的地方想象有两个不同的顷刻，如我在前一答复的第 17 条所已指出的那样，在几何学中，人们往往设想有两点，以表明一种与之相矛盾的说法的错误，而发现其实只有

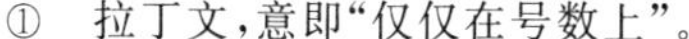

① 拉丁文，意即“仅仅在号数上”。

② “理想性的”（或“理想的”）原文为“idéale”，也可译作“观念性的”或“观念的”，即只存在于思想或观念中而非实际存在的。下同。

一点。如果有人设想一条直线与另一条直线相交于两点，计算的结果将会发现这所设想的两点应该是重合的，只能成为一点。当一条直线在完全另外的情况下和曲线相交变成了切线时，也发生这样的情况[①]。

29. 我已经证明空间不是什么别的，无非是事物的存在的一种秩序，表现在它们的同时性中。因此以为有一个有限的物质宇宙整个地在一种无限的空的空间中移动，这种虚构是不能承认的。它是完全不合理也不可行的。因为，在物质宇宙之外并无实在空间，除此之外，这样一种活动也是无目的的，那将是无事忙，agendonihil gere[②]。这也不能产生任何可为无论何人所观察到的变化。这是那些抱持有缺点的概念的哲学家们的想象，他们把空间作为一种绝对的实在。只从事于玩弄想象的一些单纯的数学家，是能够生造出这样一些概念的；但它们已被高级的理性摧毁了。

30. 绝对地说，上帝似乎能够使物质的宇宙在广延上成为有限的，但相反的情况似乎更符合他的智慧。

31. 我不同意一切有限的都是可动的。照我的对手们的假设本身来说，空间的一部分，虽然是有限的，却也是不可动的。可动的东西必须能够改变其相对于其他某一东西的位置，并且能够达到一种和先前的状态有别的新的状态，否则那变化就是一种虚构。因此一个有限的可动的东西必须成为另一个东西的一部分，才能发生可观察到的变化。

---

① E本无“当一条……情况”一句。

② 拉丁文，意即“做了却什么也没有做成”。已见上《莱布尼茨的第四封信》，§13。〔第41页〕。

32. 笛卡尔曾主张物质没有界限，我也不相信人家已把他这一点充分驳倒了。而当人们同意他这一点时，并不因此就须得出结论，说物质是必然的，也并不因此得说它是永恒的，因为无界限的物质的这种扩散，只是上帝选择的结果，他曾发现这样更好些。

关于 7

33. 因为空间就其本身来看和时间一样是理想性的东西，所以世界之外的空间应该是想象的东西，如经院哲学家们本身就曾很好地认识到这一点。世界之内的空的空间也是一样，我根据我已提出的那些理由认为它也是想象的。

34. 人家用马德堡的盖利克先生发明的虚空来反驳我，那虚空是他把一个容器中的空气抽去而造成的；人家以为在这容器中就真正有完全的虚空，或无物质的空间，至少一部分是这样。亚里士多德派和笛卡尔派都不承认有真空，他们就已经回答了盖利克的这个实验，同样也回答了佛罗伦萨的托里拆利的实验(他是利用水银把一根玻璃管内的空气排空)，在这管子或在这容器内根本就没有虚空，因为那玻璃有许多很细的孔，光线、磁线和其他很细的物质都可以穿过这些细孔进去的。我是同意他们的意见的，发觉可以把那容器比之于一只满是洞孔的箱子，它放在水里，箱子里面有鱼或其他粗大的物体，把这些物体拿掉时，那地方还是仍旧被水充满。只有这样的区别：水虽然是流动的和比那粗大物体更顺从，却是一样重，一样厚实，或甚至更重更厚实的，反之那进入容器取代空气的物质则细微轻薄得多。那些新的主张有虚空的人对这例子回答说,并不是物质的粗大,而单单是它的量[①],造成了抵抗力,因此,凡是抵抗力较小的地方,就必然有较多的虚空。人家又加上说,微细是丝毫做不成什么的,水银的各部分和水的各部分一样细小精微,水银却有大十倍的抵抗力。对此我回答说:物质的量,并不如它的那种难于让位一样造成抵抗力。例如,漂在水上的木头,比同样容积的水包含着较少的重的物质,却比水对船的抵抗力更大。

35. 至于水银,它其实比同样体积的水包含着约多十四倍重的物质;但并不因此就得说它包含着绝对地多 14 倍的物质。正相反,水也包含着一样多的物质,不过是要拿它自身的重的物质和一种异己的不重的物质放在一起来看,这种不重的物质是通过它的那些细孔进出的。因为水银和水一样都是一些重的物质的团块,这些团块是穿孔的,有很多不重的物质通过这些孔进出,这种不重的物质没有可感觉到的抵抗力,就像光线和其他感觉不到的流体的物质所表现的那样;那种东西尤其是这样,就是它本身,使粗大的物体在离开它使之趋向的中心时产生了重力。因为这是一种奇怪的虚构,竟使得一切物质都是重的;甚至趋向一切其他的物质,似乎一切物体都按质量和距离同等地吸引一切其他物体;而这是由于一种真正所说的引力,它并不是由物体的一种隐秘的冲击派生出来的。反之,可感觉到的物体趋向地心的重力应该是由某种流体的运动产生的。其他的重力作用,如诸行星向太阳或它们彼此之间的,也将都是这样。一个物体,除非另一个物体和它接触来

① E 本无“物质的”和“而单单是它的量”。

推动它，是绝不会自然地被推动的；而在这样被推动之后，它就继续运动，直到被另一个和它接触的物体所阻为止。所有其他对物体的作用，都要么是奇迹式的，要么是想象的。

关于 8 和 9

36. 因为我曾反驳说，空间若被当作没有物体也是某种实在的、绝对的东西，就会是一种永恒的、不变不动的、独立不依于上帝的东西，人家尽力要来消除这种困难，就说空间是上帝的一种性质。我在前信中也已反对了这一点，说上帝的性质是广阔无垠；但往往和物体同等度量的空间，和上帝的广阔无垠并不是一回事。

37. 我也反驳过，如果空间是一种性质，如果无限空间就是上帝的广阔无垠，则有限空间就是某种有限事物的广延或可度量性。这样，被一个物体所占据的空间，就将是这物体的广延：这是荒谬的事，因为一个物体能够改变〔它所占的〕空间，但它不能离开它的广延。

38. 我还问过，如果空间是一种性质，那么一种有界限的空的空间，就像人们想象在那排空了空气的容器中那样的，又是什么东西的性质呢？说这空的空间，不论是圆的或方的，是上帝的一种性质，似乎不合理。那么它也许将是某种非物质性的、有广延的、想象的、人们（似乎）设想为在那想象空间中的实体的性质吗？

39. 如果空间是在空间中的实体的性质或情状，则同一空间将时而是一个物体、时而又是另一个物体的情状，时而是一种非物质性的实体、时而也许是上帝——当空无一切其他物质性或非物质性实体时——的情状。但那样一种从一个主体过渡到另一个主体的东西可是一种奇怪的性质或情状。主体就这样脱掉它们的偶性，就好像脱掉一件衣服似的，以便别的主体可以把它再穿上。这样一来，还怎么区别偶性和实体呢？

40. 如果有限空间是在那里的有限实体的情状[①]，如果无限空间是上帝的性质，则就须是（奇怪的事！）上帝的性质由被创造物的情状所组合而成；因为全部有限空间合在一起组成了无限空间。

41. 如果否认了有限空间是有限的东西的一种情状，则无限空间是一种无限的东西的情状或性质也将是同样不合理的。我在前信中已暗示了所有这些困难，但人家似乎没有费心来加以解决。

42. 我还有其他一些理由来反对空间是上帝的一种性质这种奇怪的幻想。如果是这样，则空间就进入了上帝的本质之中。然而空间是有部分的，那么在上帝的本质中也将有部分了。Spectatum admissi。[②]

43. 还有，空间是时而空虚、时而充满的；那么在上帝的本质中就也将有许多部分时而空虚时而充满，并因此须经受一种持续不断的变化。那些物体充满了空间，也就将是充满了上帝本质的一个部分，并和它同等度量的；而在关于虚空的设想中，上帝本质的一部分就将在那容器中。这分成诸部分的上帝，将非常像那斯多阿派的上帝，那就是被看作一个神圣动物那样的宇宙全体。

44. 如果无限空间就是上帝的广阔无垠，则无限时间就将是上帝的永恒性。那么就得说凡是在空间中的，就是在上帝的广阔无

① E本无“有限实体的情状”，疑脱漏；P本有此，但加了方括号。

② 拉丁文，意即：“［这是］显然可见的。”

垠中，并因此在他的本质中；并且凡在时间中的也是在上帝的本质[①]中。这些是很奇怪的话，很可以使人认识到人家是误用了名词。

45. 还有另外一个问题：上帝的广阔无垠使上帝是在一切空间之中，但如果上帝是在空间之中，那又怎么能说空间是在上帝之中，或者说是上帝的性质呢？我们听说过性质是在主体之中，但从未听说过主体是在它的性质之中的。同样地，上帝存在于每一时间中，那么怎么时间又是在上帝之中，它怎么又能是上帝的性质的呢？这些是永远搅不清的奇异说法。

46. 似乎是人家把事物的广阔无垠或广延和这种广延据以被把握的空间混同了。无限的空间并不是上帝的广阔无垠，有限的空间并不是物体的广延，正如时间并不是绵延一样。事物保持着它们的广延，但它们并不永远保持它们的空间。每一事物有它自己的广延，它自己的绵延；但它并没有它自己的时间，它也不保持它自己的空间。

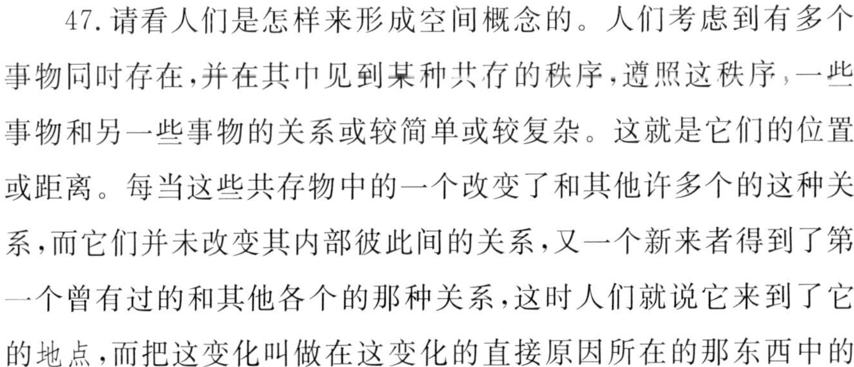

47. 请看人们是怎样来形成空间概念的。人们考虑到有多个事物同时存在，并在其中见到某种共存的秩序，遵照这秩序，一些事物和另一些事物的关系或较简单或较复杂。这就是它们的位置或距离。每当这些共存物中的一个改变了和其他许多个的这种关系，而它们并未改变其内部彼此间的关系，又一个新来者得到了第一个曾有过的和其他各个的那种关系，这时人们就说它来到了它的地点，而把这变化叫做在这变化的直接原因所在的那东西中的

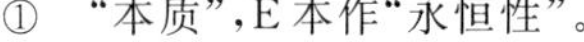

① “本质”，E本作“永恒性”。

一种运动。而当多个东西或甚至全部按某些已知规则变化方向和速度时,人们永远可以决定每一个东西所获得的对每一个东西的位置关系;甚至在没有变化或曾作别样变化时,每个别的东西会有或它对每个别的东西会有的位置关系。设想或假想这些共存物之中有足够数量的共存物,在其内部没有过变化,人们就将说那些具有对这些固定存在物的一种关系,和别的一些从前对它们有过的关系一样的,就具有后者所曾有过的同一地点。而那包括了所有这些地点的,就叫做空间。这就使人看出,为了要有地点的观念以及由此而来的空间观念,只要考虑这些关系和它们的变化规则就够了,无须乎在这里想象有在那些人们考虑其位置的事物之外的任何绝对的实在。要给一种定义,可以说,地点就是:当 B 和 C、E、F、G 等等的共存关系,完全符合 A 曾有过的和同样这些东西的共存关系时,人们说对 A 和对 B 是同样的那东西,——假定在 C、E、F、G 等等之中没有过任何变化的原因。我们也可以毫不夸张地说,地点就是在不同的时刻对不管如何不同的存在物是同样的那东西,只要这些存在物和某些从这一时刻到另一时刻被假定为固定的存在物的共存关系完全符合。而固定的存在物就是那些其中没有改变与其他存在物的共存秩序的原因,或者(这是同一回事)其中没有运动的东西。最后,空间就是把这些地点放在一起所得的东西。在这里,考虑一下地点与占据此地点的物体的位置关系之间的区别是好的。因为 A 的地点和 B 的地点是同一个,反之 A 和固定物体的关系则并非确切地和个别地与 B(它将取得它的地点)和同一些固定物体的关系是同一个,这两种关系只是彼此符合。因为两个不同的主体,如 A 和 B,不会有确切同一的个别情状，同一个个别的偶性不能在两个主体中，也不能从一个主体过渡到另一个主体的。但心灵不满足于这种符合，总想寻求一种同一性，即真正是同一个的东西，并把它设想为在这些主体之外的；这就是人家在这里叫做地点和空间的东西。可是这只能是理想性的东西，包含着某种秩序，心灵就在这里来设想那些关系的切合，就像心灵能想象一种由宗谱系统构成的秩序那样，这种宗谱系统的大小全在于世代的数目多少，每一个人都将在那里有他的地位。如果再加上那灵魂轮回的幻想，让同一些人类灵魂回来，那些人就改变他们在宗谱系统中的地位，本来是父亲或祖父的，可能变成了儿子或孙子等等。可是这些宗谱上的地位、系统线条和空间范围，虽然它们表现了实在的真相，却只能是一些理想性的东西。我再举一个例子来说明心灵借在主体之中的那些偶性的机缘，来形成与这些偶性相应而在主体之外的某种东西那种习惯。两条线 L 和 M 之间的比或比例可以设想有三种方式：作为较长的 L 与较短的 M 之比，作为较短的 M 与较长的 L 之比，以及最后作为两者的抽象的某种东西，也就是说，作为 L 与 M 之间的比例而不考虑何者在先何者在后，何者为主何者为宾。在音乐中就是这样来考虑比例的。在第一种考虑中，较长的 L 是主体，在第二种考虑中则较短的 M 是这偶性的主体，这偶性哲学家们就叫做关联或关系。但在第三种意义下哪一个是主体呢？我们不能说 L 和 M 两个一起都是这样一个偶性的主体，因为这样我们就将会有一个偶性在两个主体之中，就会一条腿在这一个主体，另一条腿在另一个主体身上了，这是和偶性的概念相违背的。那么就得说，在第三种意义下的这种关系，是在那些主体之外的，但它既不是实体又不是偶

性，就应该是一种纯粹理想性的东西，而对它加以考虑却仍然是有用的。此外，我在这里所做的，差不多像欧几里德一样，他无法使人绝对地了解那几何学家们的意义下所说的比例是什么，就下定义来说明什么是同一比例。也就是像这样，为了解释什么是地点，我就曾想下定义来说明什么是同一地点。最后我要指出，运动之物有时在那些它们在上面进行运动的不动之物中所留下的痕迹，曾给人的想象力以机缘，来形成这种观念，好像即使没有任何不动之物时也还仍然留下某种痕迹似的；但那只是理想性的，只是说如果那里有某种不动之物，人们将能指出那痕迹。正是这种类比，使人想象到那些地点、痕迹、空间，虽然这些东西只包含那些关系的真实性，而丝毫不包含什么绝对的实在。

48．此外，如果空无物体的空间（人家这样想象）不是完全空的，那么它是充满了什么呢？也许是有一些有广延的精神，或一些能够扩张和收缩的非物质的实体，在那里憧憧往来，互相渗透而无彼此枘凿之状，就像两个物体的影子在墙壁面上彼此穿插渗透那样吗？我看到那已故的亨利·莫尔[①]先生（在别方面也是一位有学问的好心人）以及其他一些人的那种可笑的幻想又回来了，他们相信这些精神当它们觉得这样好时就能使自己成为不可穿透的。甚至还有人想象过人在完美状态中也具有可穿透的天赋，但由于他的堕落就变成坚实、不透明和不可穿透的了。给上帝以诸部分，给精神以广延性，这不是把事物的概念都颠倒了吗？单只需要充足理由这一条原则就使所有这些想象的幻影全都消失了。人们没

① M. Henry Morus(More,1614—1687)，英国的神学家。

有很好运用这条大原则是很容易制造出一些幻想虚构来的。

关于 10

49. 我们不能说一定的绵延是永恒的，但可以说永远延续的事物，由于永远得到一种新的绵延，是永恒的。一切存在的时间和绵延，作为先后相继的，都在连续不断地消亡。而一件东西，严格说来从来没有存在过的，又怎么永恒地存在呢？因为一件东西，它的任何部分都从未存在，它怎么能存在呢？时间从来只是作为一些顷刻存在，而顷刻本身甚至并不是时间的一部分。谁要是考虑一下这些观察到的情况，就很可以懂得时间只不过是一种理想性的东西。而时间和空间的类比将使人很可以判断，这一个也和另一个一样是理想性的东西。可是，如果所说的一件事物的绵延是永恒的，意思只是说那事物永恒地延续着，则我对此并没有什么要说的。

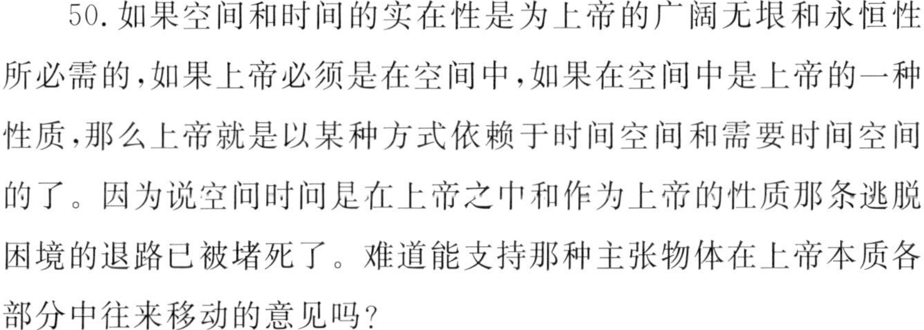

50. 如果空间和时间的实在性是为上帝的广阔无垠和永恒性所必需的，如果上帝必须是在空间中，如果在空间中是上帝的一种性质，那么上帝就是以某种方式依赖于时间空间和需要时间空间的了。因为说空间时间是在上帝之中和作为上帝的性质那条逃脱困境的退路已被堵死了。难道能支持那种主张物体在上帝本质各部分中往来移动的意见吗？

关于 11、12

51. 由于我曾反驳说，空间不能是在上帝之中，因为[①]空间有

① E 本无“空间不能……因为”，P 本有此。

诸部分，人家就来找另一条退路，撇开名辞的公认意义，而主张空间并没有部分，因为它的诸部分不是可分离的，其中一些部分不能通过分开而远离另一些部分。但只要空间有诸部分就够了，不管这些部分可分离与否；而且我们能够在空间中指出这些部分，或者是凭借在其中的物体，或者是凭借我们可以在那里画出的线或面。

关于 13

52. 为了证明没有物体的空间是某种绝对实在，人家曾反驳我说有限的物质宇宙可以在空间中往来移动。我曾回答：说物质宇宙是有限的，显得不合理；而当人家设想它是这样时，要说它有运动，除非是它的各部分改变其彼此间的相关位置时才行，否则是不合理的；因为这样的一种运动不能产生任何可观察到的变化，并将是无目的的。当它的各部分改变其彼此间的相关位置时则是另一回事，因为那时人家就看到一种在空间中的运动了，但这运动是由已被改变了的关系的秩序所造成。人家现在答复说，运动的真实性是不依赖于观察的，一条船可以是在前进而并不被船内的人所觉察。我回答说，运动是不依赖于观察，但不是不依赖于可观察性。当没有可观察的变化时，就没有运动。而甚至当没有可观察的变化时，就也根本没有变化。相反的主张是基于一种绝对实在空间的设想，那是我已经用需要一种事物的充足理由这一原则以推理证明的方式驳斥了的。

53. 我在自然的数学原理的第八条定义，或在这条定义的附释中，都找不到什么证明了或能证明空间本身的实在性的东西。可是我同意在一种物体的真正绝对运动，和一种相关于另一物体的

位置的单纯相对变化之间，是有区别的。因为当变化的直接原因是在物体中时，它是真正在运动中；而那时其他物体相关于它的位置，也将由此而变化，虽然这变化的原因并不在它们之中。诚然，严格说来，没有什么物体是完全地和整个地静止的；但这是人们在以数学的方式考虑事物时，从之作出的抽象。这样，我对人家引来维护空间的绝对实在性的一切，就丝毫没有剩下什么没有答复的了。我也已经用一条最合理、最好地证明了的根本原则，证明了这种实在性的虚假，对这条原则是找不出任何例外，也找不出任何反对理由的。此外，从我刚才所说的一切，也可以判断，我是不应该承认一个移动的宇宙，也不应该承认有任何在物质宇宙之外的地点的。

关于 14

54. 我不知道有任何反驳我不认为已作了充分答复的。至于对这一反驳，即空间和时间是量，或毋宁说是赋有量的东西，而位置秩序则不是，我回答说秩序也有它的量；有在前的和随后的，有距离或间隔。相对的事物也和绝对的一样有它们的量。例如数学中的比例就有它们的量，并且是用对数来计量的，可是比例是一些关系。因此虽然时间和空间是由关系形成，它们也还是有它们的量。

关于 15

55. 对于上帝是否能更早地创造这世界的问题，须很好理解。正如我已证明，没有事物的时间只不过是单纯理想的可能性，显然，如果有人说这实际已被创造的同一世界，没有任何其他变化而能更早地被创造出来，他说的就是完全不可理解的东西；因为没有任何标记或区别，使人有可能认识到它曾被更早地创造出来。因此，正如[1]我已经说过的，设想上帝曾更早地创造出这同一个世界，是设想某种很怪诞的事。这是使时间成为一种不依赖于上帝的绝对的东西了，反之，时间应该是和被创造物共存，并只凭借它们的变化的秩序和量来加以思想的。

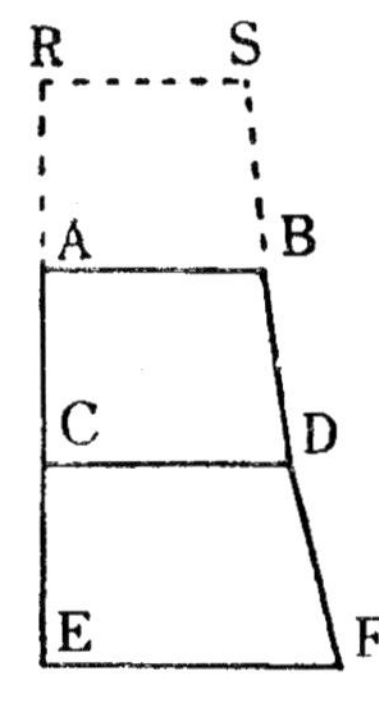

56.但绝对地说来，人们是能够设想一个宇宙曾比它实际开始的更早开始的。试设想我们这宇宙或某个别的宇宙用图 AF 来表示，其中 AB 这坐标代表它的最初状态，CD、EF 等坐标代表它随后的状态，我说人家可以设想它曾更早地开始，设想那图往后延伸，加上 SRABS[2]。因为这样一来，事物增加了，时间也将一样增加。但这样一种增加是否合理并且符合上帝的智慧，那是另一个问题；而应该说否，要不然上帝就会已经这样做了。这将有如：

Humano capiti cervicem pictor equinam

Jungere si velit.[3]

对绵延[4]来说也是一样。正如人们可以设想在开始处加上某种东西一样，人们也同样可以设想在末尾砍除某种东西。但这种砍除

---

① G 本作“comme si”（“好像”），E 本 P 本作“comme”（“正如”），似以 E 本为是。

② E 本作 RS，RA，BS；P 本作 S，R，A，B，S。

③ 拉丁文，大意是：“要是画家愿意，可以给人头上安上马的脖子。”

④ E 本作“Destruction”（“毁灭”），而非“duration”（“绵延”）。

也将是不合理的。

57. 似乎就应该这样来理解上帝怎么在他所喜欢的什么时候创造了事物；因为那是取决于他决定加以创造的事物的。但事物以及它们的关系一经决定，则对于时间或地点就再无选择余地了，时间地点独自就它们本身来看是丝毫没有什么实在的，丝毫没有起决定作用的，或甚至丝毫没有可辨别的。

58. 所以不能像人家在这里所说那样，说上帝的智慧可以有很好的理由在这样一个特殊的时间创造这世界（this World①）；这特殊的时间作为没有事物的来看，是一种不可能的虚构，而在一切都不可辨别的地方，是不可能找到一种选择的很好理由的。

59. 当我说这世界时，我是把它理解为从事物开始以来所有物质的和非物质的被创造物合在一起的全宇宙；但如果人家只理解为物质世界的开始，而设想在它之前有非物质的被创造物，则他在这点上就稍为有道理一点。因为那样一来时间既为已经存在的东西所标志，就不再是无区别的了；并且也有可能来作选择了。的确他也只不过是把困难往后推了一步，因为一设想非物质的和物质的被创造物合在一起的全宇宙已开始，对于上帝要把它放在什么时间就再无选择余地了。

60. 所以不应该像人家在这里所说那样，说上帝曾在他所喜欢的一个特殊的空间或时间创造了事物，因为一切时间和一切空间，在它们本身，既然是完全齐一和无法分辨的，一个就不会比另一个更讨人喜欢。

① 克拉克信中所用英文原文的“这世界”。F本无此。

61.我不想在这里停下来谈我在别处解释过的意见,那是主张没有什么被创造的实体完全除去了物质的。因为我和古人一样并且很有道理地主张那些天使或神灵以及和粗大的身体分离的灵魂也始终有精细的身体,尽管那些天使和灵魂本身是无形体的。庸俗的哲学很容易承认一切种类的虚构;我的哲学是更为严格的。

62.我并没有说物质和空间是同一个东西,我只是说没有什么空间是没有物质的,以及空间本身不是一种绝对实在。空间和物质的区别就像时间和运动的区别一样。可是,这些东西虽有区别,却是不可分离的。

63.但完全不是由此得推论出物质是永恒的和必然的,除非是设想空间是永恒的和必然的;这种设想就一切方式来说都是根据不足的。

关于 16 和 17

64.我认为已回答了一切;我特别已经回答了这一反驳,即硬说空间和时间有一种量而秩序却没有,请看以上第 54 条。

65.我已清楚地表明,矛盾是在对方意见的假设中,它硬要在没有区别的地方去找出区别来。而想要由此推论出我已承认在我自己的意见中有矛盾,这显然是不公正的行为。

关于 18

66.这里又回到一个推理论证,那是我在以上第 17 条已经摧毁了的。人家说上帝有很好的理由来安置两立方完全相等和相似的物质;于是就得(据说)上帝来为它们指定其地点,虽然一切都是完全同等的。但事情不应该脱离开这些环境。这种推理论证是由不完全的概念构成的。上帝的决定是绝不会抽象而不完善的，好像上帝首先下令来创造两立方物质，然后再另外下令来把它们放在那里似的。像那样受着局限的人们是能这样来进行的，他们决定了某件事情，然后发现自己在手段、途径、地点、环境方面都陷入了麻烦。上帝是绝不会对目的采取了决定而不同时对手段以及对一切环境条件采取决定的。甚至我在《神正论》中已表明，真正说来，上帝对整个宇宙就只有一道命令，用这道命令他就决定了允许整个宇宙由可能性而进入实际存在。因此上帝不会是选择了一立方物质而不同时选择它的地点；并且他也绝不会在无法分辨的东西之中来进行选择的。

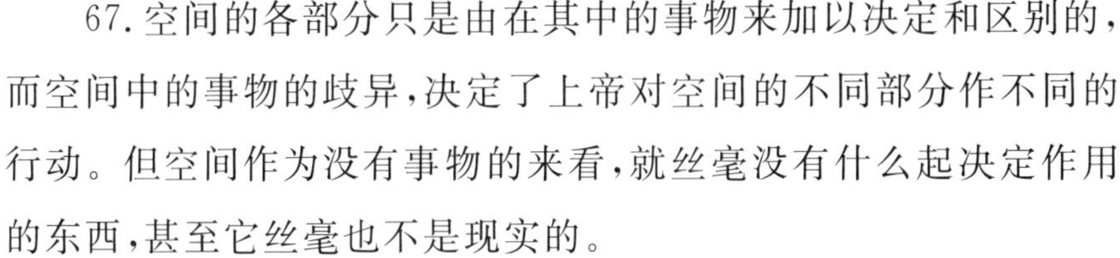

67. 空间的各部分只是由在其中的事物来加以决定和区别的，而空间中的事物的歧异，决定了上帝对空间的不同部分作不同的行动。但空间作为没有事物的来看，就丝毫没有什么起决定作用的东西，甚至它丝毫也不是现实的。

68. 如果上帝决定了来安置某一立方的物质，则他在这立方物质的地点上也已作了决定了；但这是相对于其他部分的物质而言，而不是相对于脱离开物质的空间而言的，那样的空间是丝毫没有什么起决定作用的东西的。

69. 但他的智慧不允许他同时安置两立方完全相等和相似的物质，因为没有办法来找出一个把它们指定在不同的地点的理由。那样将会是有一种无动机的意志。

70. 我曾经把一种无动机的意志（如那些肤浅的推理论证指定给上帝那样的）比之于伊壁鸠鲁的偶然性。人家反驳说伊壁鸠鲁的偶然性是一种盲目的必然性而不是一种意志的选择。我回答说伊壁鸠鲁的偶然性不是一种必然性而是某种无区别的东西。伊壁鸠鲁之把它引进来明明是为了避免必然性的。的确那偶然性是盲目的,但一种无动机的意志也将同样是盲目的,并且将同样是归之于单纯的偶然碰巧的。

关于 19

71. 人家在这里又重复那以上第 21 条已经驳斥过的观点,即上帝如果不在无法分辨别者之中作选择,物质就不会被创造出来。如果物质是那种原子,是一些同样的物体,或肤浅哲学的其他那些类此的虚构,则他也许是有道理的。但打击了在无法分辨者之中的选择的那同一条大原则,也同样摧毁了这些无根据的虚构。

关于 20

72. 人家在第三封信(第 7、8 条)中曾反驳我说,上帝如果是受外在事物决定的,则在他之内就会没有一条行动的原则。我已经答复过说外物的观念是在他之内的,因此他是受内因,也就是受他的智慧决定的。现在人家不愿听我关于这一点已说过的话。

关于 21

73. 在对我所作的反驳中,人家常常把上帝所不愿的,和上帝所不能的搅混了。请看以上第 9 条和以下第 76 条。例如,上帝能做一切可能的,但他只愿做那最好的。因此我并没有像人家在这里归咎于我的那样,说上帝不能给物质的广延以界限,而是说有明显的迹象表明他不愿这样，他曾发现以不给它界限为较好。

74. 从广延到绵延，non valet consequentia。① 当物质的广延没有界限时，并不能由此推论它的绵延也没有界限，甚至在以往也没有，也就是说，它没有过开始。如果万物全体的本性，是在圆满性上齐一地增长，则被创造物的宇宙应该是有开始的。因此，将有理由来限制事物的绵延，即使没有理由来限制它的广延。还有，世界的有开始并无损于它的绵延，a parte post② 或随后的无限性；但宇宙的界限则将损害其广延的无限性。因此，为宇宙立一开始，是比承认它有界限较为合理的，为的是在这一方面和在另一方面都能保持一位无限的造物主的品格。

75. 可是，那些曾承认世界的永恒性，或至少（如一些著名的神学家曾经做过的③那样）承认世界的永恒性的可能性的人，并没有如人家在这里并无根据地归咎于他们那样，以此就否认了世界的依赖于上帝。

关于 22 和 23

76. 人家在这里又无根据地反驳我说，照我的看法，凡上帝所能做的一切，就应该必然地都做了。好像他不知道我在《神正论》中已切切实实地驳斥了这一点似的，并且我也已经推翻了那样一些人的意见，他们主张，除了那实际发生的，就没有可能的东西，如有些古代哲学家就曾这样主张过，除别人外，就有西塞罗著作中的

① 拉丁文，意即："不能推出结论"。

② 拉丁文，意即："随后"。

③ G 本为"ont falt"；E 本作"on falt"，疑误。P 本也同 G 本。

狄奥多洛(Diodore)。人家把来自对最好者的选择的那种道德的必然性,和绝对的必然性搅混了;也把上帝的意志和上帝的能力搅混了。他能够产生一切可能的东西,或不蕴涵矛盾的东西,但他只愿意产生在可能的之中那最好的东西。请看我在上面第9条和第74条所已说过的话。

77. 所以上帝在产生被创造物时并不是一位必然的能动者,因为他是借选择行事的。可是人家在这里加上说,一位必然的能动者就根本不是能动者,这是没有根据的。人家在提出反对我而未加证明的论点时,往往只是大胆放肆地加以宣告而并无根据。

关于 24 至 28

78. 人家辩解说并没有说空间是上帝的感官而只是说好像是他的感官。似乎这一种说法和另一种说法也一样不大适宜和不大好理解。

关于 29

79. 空间不是一切东西的地点,因为它就不是上帝的地点;否则就会有一样东西是和上帝同其永恒,也独立不依于上帝,甚至上帝若需要地点时将会依赖于它的了。

80. 我也看不出人家怎么能说空间是观念的地点,因为观念是在理智中的。

81. 说人的灵魂是影像的灵魂也是非常奇怪的。在理智中的影像,是在心灵之中,但如果心灵是影像的灵魂,则这些影像就会是在它之外了。如果人家把这些影像理解为有形体的,他又怎么想要我们的心灵是它们的灵魂呢？因为这些只是在心灵为其灵魂的身体中的一些稍纵即逝的印象。

82. 如果上帝是利用一种感官来感觉在世界上发生的事，则似乎是事物作用于他，而这样他就好像人们所设想的世界的灵魂一样了。人家责怪我重复那些反驳而不注意那些答复，但我看不出他已满意地解决了这种困难。他最好是完全抛弃这所谓的感官。

关于 30

83. 照我的看法，人家说的就好像他一点也不懂得灵魂怎么是一种表象的本原似的，换句话说，他好像从来没有听说过我的前定和谐似的。

84. 我不同意那种庸俗的概念，好像事物的影像是由感觉器官传送（conveyed）到灵魂的。因为无法设想[①]由什么入口或用什么运载物能作影像从器官到灵魂的这种传送。庸俗哲学的这种概念是不可理解的，如那些新笛卡尔派人士已充分表明这一点了。人们无法解释非物质的实体如何受物质的感应，而在这问题上坚持一种不可理解的东西，就是回到经院哲学的那种怪诞的概念，那是说有一种不知算什么的不可解释的意象（espèces intentionelles），通过器官到灵魂之中。这些笛卡尔派人士看到了这困难，但他们并没有解决；他们曾求助于上帝的某种完全特殊的协助，那实际上会是奇迹性的。但我相信我已给了这谜真正的解决。

85. 说上帝分辨所发生的事物，是因为他出现在诸实体之前，

① G 本为“concevable”；E 本作“convenable”，疑误。P 本也同 G 本。

而不是由于它们的继续存在对他的依赖性，以及可以说包含一种继续不断的产生，这说的是一些不可理解的事。单纯的在场，或共存物的靠近，是不足以使人理解如何在一个东西中发生的事，当与另一个东西中发生的事相呼应的。

86. 这以后，是正好投到那使上帝成为世界灵魂的学说中去了，因为他使上帝的感觉事物，不是由于它们对他的依赖，也就是继续不断地产生在它们中有好处和完美的东西，而是由于一种感觉方式，就像人们想象我们的灵魂感觉在身体中发生的事那样的。这是大大贬低了上帝的认识了。

87. 照事情的真相说，这种感觉方式是完全怪诞的，甚至在灵魂中也不是这样。灵魂感觉在它们之外发生的事，是通过在它们之内发生的事，它们是由于前定的和谐而和灵魂之外的事相呼应的，这种和谐是上帝用他一切产品中最美和最令人赞叹的产品来预先决定，它使每一单纯实体由于其本性而可以说是全宇宙的一个会集的中心和按照自己的观点反映全宇宙的一面活的镜子。这也是对于上帝存在的最美和最无可争辩的证明之一，因为只有上帝，也就是那共同的原因，才能造成这种事物的和谐。但上帝本身也不能用他用来使别的东西感觉事物的那种手段来感觉事物。他感觉事物，是因为他能产生这手段；而他不会使别的东西感觉事物，要是他不曾自己产生所有那些同感者，以及不曾因此在自身之中有它们的表象的话，这表象不是因为来自它们，而是因为它们来自于他，以及因为他是它们的致动因和榜样因。他感觉它们是因为它们来自于他，如果允许说他感觉它们的话；这应该只有除去了这词语的缺点才行，它似乎意味着它们作用于他。它们是存在的，并且为他所认识，因为他倾听和愿望着它们，并且因为他所愿望的就和存在的一样多。这显得一样多，是因为他使它们的这一些和另一些互相感觉，而他使它们的互相感觉是遵循着他一劳永逸地给与它们的本性，这种本性他只是使之遵照每一个独自具有的规律而维持下去，这些规律虽各自不同，却达到一种结果的严格符合。这超过了庸众对上帝的圆满性和上帝的工作所曾有过的一切观念，并把它们提高到了最高的程度，如倍尔先生所已很好认识到的，虽然他毫无根据地认为这超过了可能。

88. 照圣经的经文说上帝从他的工作退下来休息，若由此推论说再没有继续不断的产生了，这就会是对经文的曲解。的确没有产生新的单纯实体；但由此推论说上帝现在之在世界中，就只是像人们设想灵魂之在身体中那样，仅仅靠他的在场统治着它，而并没有为使之继续其存在所必需的一种协助，那就错了。

关于 31

89. 灵魂与身体之间的和谐或符合，不是一个持续不断的奇迹，而是在创造万物时所行的 个最初的奇迹的结果或后果，如 切自然事物一样。的确这是一件持续不断的奇功伟业，也像很多自然事物一样。

90. 前定和谐这个词是个生造的术语，这我承认；但并不是一个丝毫说明不了什么的名词，因为它是被非常可理解地说明了的，而人家丝毫拿不出什么标志着有困难的东西来反对它。

91. 由于每一单纯实体，灵魂或真正的单子，其本性是这样：它的随后的状态，是它的在先状态的一种后果，那种和谐的原因就全部找到了。因为上帝只要使单纯实体最初一下成为照它的观点对宇宙的一种表象就行了:因为只要这样一点,由此而来的结果就是那实体将会永久是这样,并且所有的单纯实体之间就会永远有一种和谐,因为它们永远表象着同一个宇宙。

关于 32

92. 的确,照我的看法,灵魂既不扰乱身体的规律,身体也不扰乱灵魂的规律,它们只是互相一致,一个照着目的因的规则自由地行动,另一个则照着致动因的规则机械地行动。但这并不如人家在这里所认为那样会有损于我们灵魂的自由。因为凡以照目的因的选择行事①的一切能动者都是自由的,尽管发生这样的情况,即他和那只是毫无认识地凭致动因或凭机器行事者相一致,因为上帝预先看到了那自由因将做什么,就已先调好了他的机器,使得它不能不与之相一致。雅克洛(Jaquelot)先生在他反对倍尔先生的一本书中已很好地解决了这一难题,我在《神正论》第一部分 § 63 中已引了其中的那一段。我在以下第 124 条还将谈到它。

关于 33

93. 我不承认一切活动都给了受动者一种新的力。在物体的共同运动中往往发生这样的情况,每一个物体都保持着它的力,如两个相等的硬的物体对直相撞时那样。那时只有方向改变了,在力方面并没有变化,每一个物体取另一个物体的方向并以它已有

① E 本无"avec choix",此短语作"凡照目的因行事"。

的同样速度转了回来。

94. 可是我并没有坚持说给一个物体一种新的力就是超自然的，因为我承认一个物体往往从另一个物体接受新的力，那另一物体则失去了它同样多的力。但我只是说整个物体的宇宙接受一种新的力，并且这样一个物体得到了力而并没有其他物体失去同样多的力，那是超自然的。就是因为这个道理，我也说灵魂给身体以力是站不住脚的；因为那样整个物体的宇宙就会接受一种新的力。

95. 人家在这里作的两难推理也是没有根据的，说[①]照我的看法就得是：要么人超自然地行事，要么人也和钟表一样是纯粹的机器。因为人并不超自然地行事，而他的身体也真正是一架机器，只是机械地行动的，但他的灵魂仍然是一种自由的原因。

关于 34 和 35

96. 我也重提一下本文第 82、86、88、111 诸条所已说过或将要说到的，触及上帝与世界灵魂之间的比较，以及如何人家反对我的那种意见，使得两者太相近了那些话。

关于 36

97. 我也请你看我刚才所说的，关于灵魂和身体之间的和谐的那些意见，第 89 条以下。

---

① E本作："parce que"（"因为"）。

关于 37

98. 人家对我说灵魂不是在脑子中，而是在感官中，也没有说这感官是什么。但假使这感官是有广延的，如我相信人家会如此理解的那样，那就永远是同样的困难，而那问题又回来了：灵魂是否散布于这整个广延，不论它是多大或多小。因为大些或小些在这里是无所谓的。

关于 38

99. 我不企图在这里来建立我的*动力学*，或我的关于力的学说。这地方是不合适的。可是我可以很好地回答人家在这里对我的反驳。我曾主张*能动的力*是在世界中保持不失的。人家反驳我说，两个软的或无弹性的物体，彼此相对同时运动时，就失去了它们的力。我回答说，不。的确，就它们的整体运动说，两个整体是失去了力，但其各个部分接受了这力，受到了那同时运动或冲撞[①]的力在内部的振动。因此这种力的损失[②]只是表面上的。那些力并没有被消灭，只是分散在各细小的部分中了。这不是丧失了力，而只是像把大的货币换成了小货币那样。可是我还是同意，运动的量并不保持同样，在这一点上我赞成人家在这里引的牛顿先生在《光学》第 341 页上所说的话。但我在别处已指出，运动的量和力的量之间是有区别的。

---

① E 本无“或冲撞”。

② G 本为“dechet”(“损失”)，E 本作“défaut”(“缺少”)。

关于 39

100. 人家曾对我说力在物质宇宙中会自然地减少，而这是由事物的依赖性来的（见第三封回信，关于 13 和 14）。我在我的第三次答复中曾请他对这种缺陷是事物的依赖性的后果这一点加以证明。人家避而不满足我的请求，岔到不相干的小事上去了，否认这是一种缺陷。但不论这是缺陷与否，总得证明这是事物的依赖性的一种后果。

101. 可是，那使得世界机器就像一个坏钟表匠的机器一样不完善的事，总是一种缺陷。

102. 人家现在说，这是物质的惰性的一种后果。但这一点也是人家未加证明的。这种由刻卜勒提出并命名的惰性，笛卡尔在其书信中也曾加以重复，我在《神正论》中也曾用来给人被创造物的自然不圆满性的一种影像，同时也是一种样品，这种惰性只是使得物质增加时速度就减小，但这并没有任何力的减小。

关于 40

103. 我曾主张，世界机器对一位神圣造物主的依赖性，毋宁是使得没有这种缺陷的原因，以及主张他的作品不需要修理，它是不会被弄坏的，最后并主张它也不会减少圆满性。现在我请人们来猜想一下，人家怎么能像他在这里所做那样，作出这样的推论来反对我，说要是这样，则物质世界就得是无限和永恒的，没有任何开始；并且上帝永远当可能创造多少就曾创造了多少人和其他物种。

关于 41

104. 我并没有说空间是使诸事物可有位置的秩序或位置;那样就会是说得莫名其妙了。只要考虑一下我自己说的话,并把它和我在这里第 47 条刚说过的结合起来,就可表明心灵如何来形成空间的观念,而无须一个实在和绝对的存在物,在心灵之外并在诸关系之外,来和这观念相应。所以我并没有说空间是一种秩序或位置,而是一种诸位置的秩序,或诸位置据以得到排列的秩序;而抽象的空间就是被设想为可能的诸位置的这种秩序。因此这是某种理想性的东西。但人家似乎不愿听懂我的意思。对那以为一种秩序不能有量的反驳,我在这里第 54 条已经答复过了。

105. 人家在这里反驳说,时间不会是先后相继事物的一种秩序,因为时间的量可以变得较长或较短,而相继的秩序仍保持原样。我回答说不是这样的;因为如果时间较长,就将有较多这样插入的相继状态,而如果时间较短,这种状态也就较少,因为在时间方面,也和地点方面一样,可以说没有虚空,也没有紧缩或渗透的。

106. 我主张要是没有被创造物,上帝的广阔无垠和永恒性也仍继续存在,但既没有对时间也没有对地点的任何依赖性。如果没有被创造物,则就既无时间也无地点,因此也就没有现实的空间。上帝的广阔无垠是不依赖于空间的,正如上帝的永恒性不依赖于时间一样。它们只表示:相关于事物的这两种秩序来说,上帝将出现在一切会存在的事物面前并和它们同在。因此我不承认人家在这里所提出的,如果单只上帝存在,也会和现在一样有时间和空间。反之,照我看来那时它们就会只作为单纯的可能性存在于观念中。上帝的广阔无垠和永恒性是某种比被创造物的绵延和广延更为卓越的东西,这不仅是就关于大小而言,而且还是就关于事物的本性而言。这两种神圣的属性无须乎上帝之外的东西,如现实的地点和时间那样。这些真理是已经被神学家们和哲学家们充分承认了的。

关于 42

107. 我曾经主张,说上帝用来修理物质世界机器的那种作为,依它的本性(人家以为)会落到休止状态,这将是一种奇迹。人家曾回答说这不是一种奇迹式的作为,因为它是通常的,并且应该是相当经常地发生的。我曾答复说,并不是寻常不寻常造成了真正所说的奇迹,或属于最大的一种奇迹,而是超出了被创造物的力量才叫奇迹;并且说这是神学家们和哲学家们的意见。这样,人家就至少同意我说他所引进而我不赞成的是最大的一个奇迹,这是照公认的概念来看,也就是说,是超出了被创造的力量的,而这正是一切人在作哲学探讨时所要尽力避免的。人家现在回答我说这是从理性转而诉诸通俗意见。但我还要回答说,这种通俗意见,照它说在作哲学探讨时必须尽可能避免那超越被创造物本性的东西,这是很合理的。否则的话,只要让一位神灵,Deus ex machina①,突然降临,不必关心事物的本性,就能说明一切,没有什么比这更容易的了。

① 拉丁文,词义为"从机器里放出来的神",原指古希腊戏剧舞台上,剧情陷于困境时,常由一机器中放出神灵来解决困难。哲学上也借以指理论陷于困境,无法说明事物原因时,即归因于上帝的那种轻率观点。或译为"救急神"。

108. 此外，神学家们的共同意见也不应该简单地就作为通俗意见来对待。人们要敢于违犯它，得有重大理由才行，而我在这里看不出有任何重大理由。

109. 人家在第31条责备我(虽然是没有根据的)说前定和谐是一种持续不断的奇迹，这似乎是离开了他自己要求奇迹是罕见的那种概念；要不是只想用 ad hominem[①] 的论证来对付我的话。

关于 43

110. 如果奇迹和自然的之间的区别只是表面上的和相对于我们的，以致我们只是把那我们所罕见的叫做奇迹；那么在奇迹和自然的之间就将没有实在的内在区别；而归根到底，一切都将是同等地自然的，或一切都将是同等地奇迹性的。神学家们会有理由同意第一点，而哲学家们会有理由同意第二点吗？

111. 要是上帝的一切作为都是自然的，就像灵魂在身体中的作为一样，那岂不是又会使上帝成为世界灵魂吗？这样上帝就将成为自然的一部分。

112. 在好的哲学，和健全的神学中，应该在用被创造物的本性和力量能够解释的东西，和只有用无限实体的力量才能解释的东西之间作出区别。应该在上帝的作为和事物的作为之间放进无限的距离，上帝的作为是超出自然本性的力量之外的，事物的作为是遵照上帝给与它们的规律的，他使他们凭自然本性就能遵照这些

① 拉丁文，词义为“对人”，所谓“对人论证”，有“对人而不对事”、“不针对论点而对对方进行人身攻击”等含义。

规律,虽然也有上帝的协助。

113. 正因为上述这一点,那些真正所说的引力,和其他一些用被创造物的自然本性所不能解释的作为才失足的,那些东西须由奇迹来使之实现,或须求助于荒谬的东西,也就是求助于经院哲学的那些隐秘的质,人家开始在似是而非的力的名义下向我们兜售这些东西了,但那只能把我们重新带回黑暗的王国。这是 inventa fruge, glandibus vesci[①]。

114. 在波义耳[②]先生和其他在查理二世开创时期在英国极为兴盛的那些卓越人物的时代,人们是不会敢于向我们兜售如此空疏的概念的。我希望这美好时代,在像当今这样好的政府治理下将会回来,并希望由于时代的不幸而转向得过分了一点的精神,将回过头来更好地探究切实的知识。波义耳先生首要的事是再三叮嘱在物理学中一切都要机械地行事。但这是人们的一种不幸,最后竟厌恶理性本身,和讨厌光明了。那些怪诞的东西开始又回来了,并且讨人喜欢,因为它们有某种令人惊叹的东西。那在诗的国度发生过的事现在在哲学的国度发生了。人们对那些合理性的小说,如法国的《克莱利》(*Clélie*),或德国的《阿拉曼》(*Aramène*),已感到厌倦,从若干时候以来,人们又回到那些讲仙女鬼怪之类的荒唐故事去了。

115. 至于说到天体的运动,还有植物和动物的形成,则丝毫没有什么涉及奇迹的东西,只除了这些事物的开始。动物的有机组

① 拉丁文,大意是:“发现果实,饱食珍馐。”

② Robert Boyle, 1627—1691,英国著名科学家和哲学家。

织，是一种机械组织，它假定了一种神的预先形成：那随后的，是纯粹自然的，和完全机械的。

116. 在人和一切动物的身体中所造成的一切，也都和钟表中所造成的一样是机械的：其区别也仅仅是一种神所发明的机器和像人这样受局限的一个工匠的产品之间所应有的那种区别。

关于 44

117. 在神学家们那里，关于天使的奇迹是没有什么困难的。这只涉及语词的用法。我们可以说天使行奇迹，不过不是那么确切地说，或者是属于一个较低的层次。在这点上争论，将是个名称问题。我们可以说那位从空中运送哈巴谷[1]，移动倍特柴达[2]湖的天使，是行了一个奇迹。但这不是一个第一等的奇迹，因为它是用优越于我们的天使的自然力量可以解释的。

关于 45

118. 我曾反驳说，一种确切地说的引力，或照经院哲学所说的引力，是一种远距离的、无中介[3]的作用。人家在这里回答说，一种没有中介的引力将是一个矛盾。很好；但是那样一来，则当人家想要太阳通过一个空的空间吸引地球时，又当如何理解呢？是上

① Habacuc，是犹太人的十二位小先知之一，生活于公元前 650—627 年之间，据说就是他在狮洞中看望和哺育了但以理(Daniei)。

② G 本作 Bethesda，E 本作 Bethzaida，P 本同 G 本，巴勒斯坦地名。

③ “中介”原文为 moyen，作为名词，通常意指“手段”、“方法”等；这里似以作“中介”为较好。下同。

帝用了中介吗？而这将是一个奇迹，如果有过这样的事，那是超过了被创造物的力量的。

119. 或者也许是某种非物质性的实体，或某种精神性的射线，或某种无实体的偶性，某些像意象（espèce intentionelle）那样的东西，或其他不知道是什么的东西，应该是这种所谓的中介吗？这些事情看来似乎在头脑中还存了很多，而没有充分加以解释。

120. 这种沟通的中介（据说）是不可见的，不可触摸的，非机械的。人家也可以有同样的权利加上说，是不可解释的，不可理解的，捉摸不定的，没有根据的，没有例证的。

121. 但（据说）那是有规律的，是恒常的，并且因此是自然的。我回答说，若不是合理的就不会是有规律的，而若不是用被创造物的本性能解释的，也不会是自然的。

122. 如果造成一种真正的引力的这种中介，是恒常的而同时又是用被创造物的力量所不能解释的，并且如果它以这样的情况而是真的，则它就是一种持续不断的奇迹。如果它不是奇迹性的，则它就是假的。这是一种怪诞的东西，是一种经院哲学的隐秘的质。

123. 这就将好像一个物体循圆周运行而不循切线方向离去的情况一样，虽然丝毫没有什么能解释的东西阻止它那样离去。这是我已经引用过的例子，人家觉得不宜加以回答，因为它把真正自然的东西作为一方，和经院中那怪诞的隐秘的质作为另一方，两者间的区别表现得太清楚了。

关于 46

124. 物体的自然力量全都服从机械规律；而心灵的自然力量全都服从道德规律。前看遵循致动因的秩序；而后者遵循目的因的秩序。前者没有自由地行事，像钟表那样；后者则是有自由地施行，虽然它们严格地和这样一种钟表相一致，另一种高级的自由因已事先使这钟表和它们相一致。我在这里第92条已经谈过这一点。

125. 我以人家在这第四封信的开始处提出反对我的一点来结束，我在以上第18、19、20条已作过答复；但我曾保留在作结时还更有所说。人家先曾认为我犯了假定未决原则作论据的错误。但我请问是什么原则呢？但愿人家从未假定过比这较不清楚的原则！这原则就是一个东西要存在，一件事情要发生，一条真理要成立，总需要一个充足理由这样一条原则。这是一条需要证明的原则吗？人家自己甚至在第三封信的第二条也曾对我表示同意，或装作好像同意这原则，也许因为要是否定这原则就会显得太触目了。但人家要么只是口头上同意，要么是自相矛盾，要么是食言了。

126. 我敢说，要是没有这条伟大原则，就不能达到对上帝的存在的证明，也不能为其他许多重要的真理提供理由。

127. 所有的人不是都在千百种场合用这原则吗？的确，人家也在其他很多场合由于疏忽而忘了这原则，但这正是那些怪诞东西的起源，例如一种绝对实在的时间或空间，虚空，原子，经院哲学意义下的引力，灵魂与身体间物理性的影响，以及千百种其他的虚构，那些古人的虚妄信念所遗留下来的，和不久前以来人们所发明的一样多。

128. 难道不是因为违反了这条大原则，古代人就已经嘲笑了伊壁鸠鲁的原子的那种无故的偏斜吗？我敢说人家今天又重新提出来，而约三十年来也同样受人嘲笑的那经院哲学意义下的引力，也丝毫没有什么更合理的东西。

129. 我曾常常向人们提出挑战，要他们给我举出一个反对这条大原则的例证，举出一个这条原则用不成的无可争辩的实例；但人们从来没有办到，也将永远办不到。但却有无数事例是用成功了的，甚至用了这原则的已知的一切事例都成功了。这就应该能使人合理地判断，它在那些未知的事例中也将会成功，或者说那些事例只有利用了它，遵照后天地（a posteriori）进行的实验哲学的公则，才会变得为人所认识，即使它不是由纯粹理性或先天地（a priori）证明的也罢。

130. 否认我这条大原则，就还要像伊壁鸠鲁一样，归结到否认那另一条大原则，即矛盾原则，也就是一切可理解的陈述，都应该要么是真的要么是假的。克吕西波[①]曾为反对伊壁鸠鲁来证明这原则以自娱；但我不认为有必要来仿效他，虽然我在上面已经说了那能够说明我的原则正确的东西，虽然我在这问题上也还有可说的，但那也许过于深奥了，不适宜于当前的这一争论。而我相信合理和公正的人士，将会同意我，把对手归结到否认这条原则，那就已经是把他引到荒谬境地（ad absurdum）了。

① Chrysippe，公元前281—前205，古希腊斯多阿派主要哲学家之一。

X 克拉克的第五次答复①

〔1716年10月中〕②

因为字数繁多既不是作者方面清楚观念的一个论据，也不是向读者传达清楚概念的一种恰当手段，我将尽我所能力求简短地来对这第五封信作一明确的答复。

1—20. 在[1]受砝码或冲力推动的天平，和自己运动或因有鉴于某种动机而行动的心灵之间，并无相似性。其区别在于：一个是完全被动的，服从绝对的必然性；另一个则不仅受动，而且也主动，这是自由的本质。设想[2]不同的行动方式显得同样好，就会根本消除心灵的行动能力，就像相等的重量就会使一架天平必然地静止一样，这就否认了心灵自身有一种行动本原，并且是把行动能力

① 据G本编者原注及前言，这信的原件在莱布尼茨的文件原稿中是没有的，编者系采自克拉克公开出版后的印刷品。莱布尼茨的最后一封信是他一生最后几个月中所写，克拉克此信当是在莱布尼茨已死后写的。E本无此注。

② 据P本补。

〔1〕 §3.（在本文中，凡以[1]、[2]……方式标明的注，都是作者原注，多标在提出一个论点的句子头几个字之后。注内数码如§3，即指莱布尼茨的第五封信中的第3条，余类推。E本全无这一类的注。——译者）

〔2〕 §14.

和动机在心灵中造成的印象混淆起来了，在后面这种情况中心灵是纯粹被动的。动机，或作为在心目中来考虑的东西，是某种外在于心灵的东西。那种动机在心灵中所造成的印象，是知觉的质，在这方面心灵是被动的。任何事物根据或由于那知觉的作为，这是自己运动的能力，或行动；这在一切有生命的能动者，是自发性；而在道德的能动者，就是我们真正所说的自由。不来小心地区别这些东西，而是混淆[1]动机与行动本原，以及否认心灵除了动机之外有任何行动本原(其实在接受动机的印象时，心灵是纯粹被动的)，这，我说，就是整个错误的根基，并引导人们去想着心灵并不比一架天平加上一种知觉能力有更多的能动性：这就整个消除了自由的概念。一架天平，两边受相等的力的推动，或两边压上相等的砝码，就根本不能动；再设想这天平被赋予一种知觉能力，以致能感到自己的不能运动，或以一种想象欺骗自己，以为自己在运动，而其实只是被推动的；这就将和这位博学的作者对一个自由的能动者在一切绝对无差别的场合所设想的恰恰是完全一样的状态。但其谬误明明白白地摊在这里：那天平，由于本身没有一种行动的本原或能力，当两边重量相等时是根本不能动的；但一个自由的能动者，当显得有两种或更多完全一样合理的行动方式时，由于它的自己运动本原，仍然在自身中有一种行动能力。并且尽管也许没有什么可能的理由来决定某一特殊的行事方式比另一种好，也还是可以有很强有力而且好的理由，不根本放弃行动。所以，肯

[1] §15.

定说[1]设想放置某些物质分子的两种不同方式是同等地好和合理的，上帝就既无法明智地也无法可能地①用两种之中的任何一种方式来放置它们，因为没有足够的分量来决定他当选择哪一种方式，这样肯定就是使上帝成为不是一个能动的，而是一个被动的存在，这也就根本不是一位上帝或统治者了。而为了否认这一设想——即可以有物质的两个相等的部分，可以同样合适地转换位置——的可能性，并没有其他理由可以引用，而只有这一[2]假定待决原则为论据的论证，就是说那样一来这位博学的作者关于充足理由的概念就会没有什么坚实的根据了。因为否则的话，任何人怎么能说，要[3]上帝有明智而且好的理由来在宇宙的不同部分创造出许多严格相似的物质分子是不可能的呢？在这种情况下，空间的各部分既是一样的，显然就没有什么别的理由，而只有用单单的意志，来说明当初为什么没有转换它们的位置。然而即使这也不能合理地被说成是一种[4]没有动机的意志，因为既然上帝可能具有一些明智的理由来创造许多严格相似的物质分子，这些理由因此也当就是上帝的动机，使他在两个绝对无差别者之中选取一个（这是一架天平所做不到的），也就是当位置的转换只能是完全一样好的时把它们放在一个位置上。

必然性，在哲学问题上，永远意指绝对的必然性。假设的[5]必然性，和道德的必然性，都只是一些转义的说法，就哲学上的真

---

〔1〕 §16,17,18,19,69.

① 照E本法译文当作“上帝就绝对地不能，也无法以符合其智慧的方式……”。

〔2〕 §20.　〔3〕 §16,17,69,66.　〔4〕 §16,69.

〔5〕 §4,5,6,7,8,9,10,11,12,13.

理的严格性说，都根本不是必然性。问题并不是一个东西被设想为存在，或将会存在的时候，它是否就必须存在（这是假设的必然性）；问题也不是下列的情况是否真的：一个好人，继续是好的，就不能作恶；或一个聪明人，继续是聪明的，就不能不聪明地行事；或者一个老实人，继续是老实的，就不会撒一次谎（这是道德的必然性）。在哲学上涉及自由的真正而且唯一的问题乃是：是否有那行动的直接物理原因或本原确实在我们称为能动者的人之内；或者是否有某种其他的充足理由，是行动的实在原因，作用于能动者，并使他成为其实不是一个能动者而仅只是一个受动者。

这里顺便可以注意到：这位博学的作者说，意志[1]并不永远确切地遵循实践的理智，因为它有时能够找到一些理由来悬而不决，当他这样说时，他是和他自己的假设相矛盾的。因为难道那些理由本身，不正是实践理智的最后判断吗？

21—25. 如果上帝有可能造成或曾经造成两块严格相似的物质，以致它们在位置上的转换将会是完全无差别的，那么这位博学的作者关于充足理由的概念就完全崩溃了。对这一点他回答说：不是（如他的论证所要求的那样）说[2]上帝不可能造成两块严格相似的物质，而是说这样做对他来说是不明智的①。但他怎么知道这样做对上帝来说会是不明智的呢？他能证明上帝不可能有明智的②理由来在宇宙的不同部分创造出物质的严格相似的许多部

〔1〕 §11.

〔2〕 请看莱布尼茨先生的第四封信。§2,3,6,13,15.

① E本作“而是说他的智慧不允许他这样做”。

② E本作“bonnes”（“好的”）。

分吗？他所引用的唯一论据，就是：那样一来就会没有一条充足理由来决定上帝的意志，当把哪一块放在哪一位置上了。但是，就算任何别样都显得相反①，如果上帝可能有许多明智的理由来创造许多块严格相似的物质，单单这些物质的位置的无差别，就会使得他当曾创造它们这事成为不可能，或他创造了它们是明智的这事成为不可能了吗？② 鄙意以为这是一种〔1〕明目张胆的假定待决原则为论据的错误论证。对于我从运动的原始特殊决定的绝对无差别性所得出的类似论证，没有给予任何回答。

26—32. 在这几条中，似乎包含着许多矛盾。承认了〔2〕两件严格相似的东西实在是两件，可是仍然说它们会缺乏个体化原则；而在第四封信§6中，则明白地肯定它们只是两个名称下的同一件东西。一种〔3〕设想被承认是可能的，可是又一定不能同意我作这种设想。时间〔4〕和空间的各部分被承认在它们本身是严格相似的，但当物体存在于它们之中时就又不是这样了。不同的空间各共存部分和不同的时间各相继部分，是〔5〕被比之于一条直线与另一条直线相交于重合的两点，那其实只是一点。断定说〔6〕空间不是什么别的，只是共存事物的秩序，可是又自承认〔7〕物质的宇宙可能会是有限的；在这种情况下就必然有一种空的超乎世界之外的空间。承认了〔8〕上帝能够使物质宇宙成为有限的，可是它可

① E本作："如果上帝可能有许多好的理由（人家不可能证明相反的情况），我说"。

② E本作："或违反他的智慧了吗？"

〔1〕 §20.　〔2〕 §26.　〔3〕 §26.　〔4〕 §27.　〔5〕 §28.
〔6〕 §29.　〔7〕 §30.　〔8〕 §8,30,73.

能是有限的这一设想,仍被说成不仅是一个不合理的和无目标的设想,而且还是一种[1]不可行的虚构;并且断定[2]不会有可能的理由来限制物质的量。断定了物质宇宙①的运动根本不会产生[3]任何变化,可是对我所引用的下列论证却未给答复,那就是说:全体的运动的突然增强或停止,会给予所有各部分一种感觉得到的冲击。并且同样很显然,全体的一种圆周运动,将会在所有各部分产生一种离心力。我的论证,说如果那全体是有限的,那物质宇宙必须是可移动的,是[4]被否认了,因为空间的各部分是不可移动的,这些部分的全体是无限的和必然存在着的。断定了运动必然蕴涵着一个[5]物体相关于其他物体的位置的一种相对的变化;可是没有表明有什么办法来避免这一荒谬的后果,即那样一来一个物体的可运动性就有赖于其他物体的存在;而任何单独存在的单个物体就都会是不能运动的了;或者说,一个作圆周运动的物体(假定是太阳)的各部分,将会丧失其圆周运动产生的离心力,如果环绕着它们的所有外在物质都被消灭了的话。最后,断定了[6]物质的无限性是上帝的意志的一种结果,可是又[7]承认笛卡尔派的概念是驳不倒的,这种概念的唯一基础,谁都知道就只是这一假设,即物质是照事物的本性必然地是无限的,设想它有限乃是一个矛盾。他的原话是[8]:puto implicare contradictionem,ut mundus

〔1〕 §29.

〔2〕 第四封信§21。

① E本作"整个宇宙"。

〔3〕 §29. 〔4〕 §31. 〔5〕 §31. 〔6〕 §32. 〔7〕 §32.

〔8〕 Eplst. 69 partis primae(《书信》69,第一部分)。

sit finitus。① 这要是真的，则上帝就绝无能力来决定物质的量；而因此他就既不是它的创造者，也不能毁灭它。

其实，这位博学的作者关于物质和空间所写的文字，似乎通篇都贯穿着一种连续不断的前后不一贯。因为有时他进行论证反对一种虚空（或空无物质的空间），似乎这是〔1〕就事物的本性说绝对不可能的；空间和物质是〔2〕不可分离的。可是他又屡次承认宇宙中物质的量是依赖于〔3〕上帝的意志的。

33—35. 对于从某些空间的缺少抵抗力得出来的反对物质的充满的那个论证，②这位博学的作者回答说，那些空间是充满了一种没有〔4〕重量的物质的。但那论证不是从重量而是从抵抗力得出来的，这种抵抗力一定得与物质的量成比例，不论物质有任何重量与否。

为了预防这一答复，他主张〔5〕，抵抗力并不产生于物质的量，倒不如说是产生于它的难于让位。但这种主张是完全不中肯的，因为问题只是关于那种很少或没有坚持性的流动物体如水和水银的，它们的各部分并没有别的什么难于让位，只除了是那从它们所含物质的量所产生的。说到一块〔6〕漂在水上的木头，比同样容积的水包含着较少重的物质，却造成更大的抵抗力；这例子是出奇地非哲学的：因为同样容积的水要是密闭在一个容器内，或结成冰，

① 拉丁文，意即："我认为世界要是有限的则蕴涵着矛盾。"

〔1〕 §29,33,34,35,62,63.　〔2〕 §62.　〔3〕 §30,32,73.

② E本作"为了证明有虚空，我曾说有些空间是毫无抵抗力的"。

〔4〕 §35.　〔5〕 §34.　〔6〕 §34.

并漂在水上,就造成比漂在水上的木头更大的抵抗力;那时抵抗力是从全部容积的水产生的。但当水是散的和自由处在流动状态时,则抵抗力不是由同样容积的水的全部,而只是其一部分所造成的,那就无怪乎好像比木头的抵抗力小了。

36—48.①这些段落不像包含着什么严肃的论证,而只是若明若暗地表现关于上帝的广阔无垠或无所不在的概念,他并非仅仅是一种超世界的心智,〔Sem ota a nostris rebus sejunctaque longe②〕是并不远离我们每一个人的〔1〕,因为我们(以及一切事物)都在他之中生活、运动,并具有我们的存在。

被一物体占据的空间,并不是〔2〕那物体的广延,而是有广延的物体存在于那空间之中。

实际上并没有像〔3〕有界限的空间那样的东西,而只是我们在想象中把我们的注意力固定在我们所喜欢的那一部分或量上,这部分所属的东西本身是永远并且必然地无界限的。

空间并不是一种〔4〕属于一个物体或属于另一个③物体,或属于任何有限的存在物的情状;它也不是从一个主体过渡到另一个主体的;而是永远不变地是唯一并且永远是同一个广阔无垠者(immensum)的广阔无垠性(immensity)。

有限空间根本不是那〔5〕有限实体的情状,它们只是有限实体

① E本作“36,37,38”。

② 拉丁文,意即“同我们的事物分离远隔”。

〔1〕《使徒行传》,XVⅡ,27,28。 〔2〕 §36,37. 〔3〕 §38.

〔4〕 §39.

③ E本作“多个”。

〔5〕 §40.

存在其中的无限空间的那些部分。

如果物质是无限的,那无限空间却也同样不是那[1]无限物体的一种情状,正如有限空间不是有限物体的情状一样;但在那种情况下,那无限的物质将会在无限空间中,就像有限物体现在在无限空间中一样。

广阔无垠性,和永恒性一样,是[2]属于上帝的本质的东西。那[3]广阔无垠性的各部分(是和那些物体的、可分割的、可分离的、可划分的,可移动的各部分完全属于不同类的,后面那些部分乃是可毁坏性的基础),并不妨碍广阔无垠性本质上是一①,正如绵延的各部分并不妨碍那永恒性本质上是一样②。

上帝本身,根本不[4]因在他之中生活、运动并有其存在的事物的多样性和可变性,而经受任何变化。

这一[5]奇怪的学说③,乃是[6]圣保罗的明确断言,也是自然和理性的简单明了的声音。

上帝并不[7]存在于空间和时间之中,而是他的存在是空间和时间的原因。当我们照通俗说话的类比法,说他存在于一切空间和一切时间中时,这话的意思只是说他是无所不在和永恒的,那就是说,无界限的空间和时间是他的存在的必然后果,而不是说空间

[1] §41.　[2] §42.

[3] 参阅以上我的第三次答复§3,和第四次答复§11。

① 此"一"(One),E本作"单纯的"(Simple)。

② E本作"那同样的单纯性"(simplicité)是永恒性的本质的东西。

[4] §43.　[5] §44.

③ E本作"对那位作者显得如此奇怪的这一学说"。

[6] 《使徒行传》,XVⅡ27,28。　[7] §45.

和时间是有别于他的存在物，他存在于它们之中。

怎么[1]有限空间不是物体的广延，我刚才在上面论 §40 的地方已经表明了。随后的两段（§47 和 48）也只消和已经[2]说过的比较一下就行了。

49—51. 这些在我看来似乎只是一种咬文嚼字。关于空间有各部分的问题，请看以上第三次答复 §3，及第四次答复 §11。

52—53. 我在这里，对于空间实在独立不依于物体这一概念的论证，是基于物质宇宙是有限的和可动的这种可能性上的；因此，这位博学的作者回答说他认为使物质宇宙成为有限的和可动的对上帝来说会是不明智和不合理的①，这是不够的。他必须或者肯定上帝要使物质世界成为有限的和可动的是不可能的，或者就必须承认我那从世界之为有限和可动的可能性得出的论证是强有力的。光只是重复他的论断，说一个有限物质宇宙的运动将什么也不是，并且（因为缺乏其他物体来作比较）将会[3]产生不出可看得出的变化，这也是不够的，除非他能反过来证明我所给出的例证是不对的，这例证是说明将会发生一个很大的变化，这就是各部分会因全体的运动的突然加快或停止而受到明显感觉得出来的冲击。对这个例证，他并没有企图给与任何答复。

53. 这位博学的作者既然在这里不得不承认绝对实在运动和相对运动之间的区别，他是否必然得由此推论出空间实在是和物

[1] §46.

[2] 也参阅以下论 §53 及论 §54 的文字。

① E 本作“他不认为上帝的智慧竟能允许他给宇宙以界限和使之能运动”。

[3] §52.

体的位置或秩序完全不同的东西，这一点我让那些愿意把这位博学的作者这里所主张的和依萨克・牛顿爵士在他的《原理》卷 1 定义 8 中所说的作一比较的人去判断。

54. 我曾主张时间和空间是量，而位置和秩序则不是。对这一点的答复是说，秩序也有它的量；有走在前的和随后的；有距离或间隔。我回答说：走在前和随后，构成了位置或秩序；但一个东西跟着另一个的距离，间隔，或者时间或空间的量，则是和位置或秩序完全有别的东西，并不构成什么位置或秩序的量。当间隔的时间或空间的量很不相同时，位置或秩序可以是同样的。这位博学的作者又进一步回答说，比或比例[1]有它们的量，所以时间和空间也一样，虽然它们不过是一些关系。我答复：第一，即使某些特殊种类的关系，就像比或比例，是量，却不能由此得出结论，说位置和秩序，那是属于完全不同类的关系，也会是量。但第二，比例不是量，而是量的比例。如果它们是量，则就会是量的量，这是荒谬的。还有，如果它们是量，它们就会（像其他一切量一样）永远由相加而增大。但 1 对 1 之比，加上 1 对 1 之比，仍旧是 1 对 1 之比而并没有更大；而且一半对 1 之比加上 1 对 1 之比，并不造成 1 又一半对 1 之比，而只是一半对 1 之比。数学家们有时不精确地叫做比例的量的，乃（精确和严格地说来）只是一个东西相对于另一个东西的相对的或比较的大小的量。比例并不是比较的大小本身，而是一个大小对另一个大小的比较或关系。6 对 1 之比，对于 3 对 1 之比来说，不是一个双倍的比例的量，而是一个双倍的量的比

〔1〕 §54.

例。一般说来，他们叫做具有一种较大或较小的比例的，并不是具有一种较大或较小的比例或关系的量，而是具有那一个较大或较小的量对另一个量的比例或关系。这并不是一种较大或较小的比较的量，而是一种较大或较小的量的比较。那种[1]比例的对数式，并不是（如这位博学的作者所说）一种计量，而只是比例的一种人为的指数或记号。它并不表示一种比例的量，而只是指示任何比例重复或复合的次数。相等的比例的对数是0，可是它和任何其他比例一样实在的是一种比例。当对数是负数，如$\bar{1}$时，它为其记号或指数的那比例，本身却是正的。双倍或三倍比例，不是指一个双倍或三倍的比例的量，而是指那比例被重复的次数。对任何大小或量作一次三倍，产生一个大小或量，对前一大小或量具有3对1的比例。对它作第二次三倍，产生的（不是一个双倍的比例的量，而是）一个对前看具有27对1之比（称为三次方）的大小或量①；以及如此等等。第三，时间和空间根本不是属于比例的性质，而是属于比例所属的绝对的量的性质。例如：12对1之比，是比2对1之比大得多的一个比例（如我现在所指出的，那不是一个较大的比例的量，而是一个较大的比较量的比例）②；可是同一个不变的量，可以对一个东西具有12对1的比例，而同时对另一个东西具有2对1的比例。如一天的长度，对一小时比对半天具有

〔1〕　§54.

①　G本此处有脱漏，照E本，"27对1"以下当为"9对1之比（称为二次方）的大小或量。若对它作第三次三倍，产生的不是一个三倍的比例的量，而是一个对第一个具有27对1之比（称为三次方）的大小或量"。

②　E本无此括弧及其内字句。

大得多的比例，可是它尽管有这两种比例，却仍旧是同一个不变的时间的量。所以时间（空间照同样的论证也是一样）不是属于一种比例的性质，而是属于具有不同的比例的一种绝对和不变的量的性质。除非这一推理能被表明是假的，否则我们这位博学的作者的意见，总仍然如他自己[1]的自白所说是一个矛盾。

55—63. 所有这一切在我看来是个明明白白的矛盾，我愿让博学者去对它作判断。在[2]有一段里，有一个明白清楚的假设，说宇宙可以随上帝喜欢早些或迟些被创造出来。在[3]余下的段落里，正是这些语词〔早些或迟些〕又被当作不可理解的语词和[4]不可能的假设。与此相似〔的矛盾，也存在于〕关于物质在其中存在的空间[的论述]。① 见上论 § 26—32 一段。

64 和 65. 见上论 § 54 一段。

66—70. 见上论 § 1—20 及论 21—25 各段。我将在这里只加一点，就是[5]：把在许多同样好的行动方式中选择出一种时上帝的意志，和伊壁鸠鲁的偶然性——那是根本不承认在宇宙的形成中有什么意志、理智、行动本原的——来作比较，那是把没有两样东西能有更大不同的两样东西放在一起来作比较了。

71. 见上，论 § 21—25。

72. 见上，论 § 1—20。

73—75. 在关于空间是否独立不依于物质，以及物质宇宙是否

---

〔1〕 第四封信 § 16。　〔2〕 § 56.　〔3〕 § 55,57,58—63.

〔4〕 第四封信 § 15。

① 此句内方括弧中的语词系照 E 本增补。

〔5〕 § 70.

能是有限和可动的考虑中(见上,论§1—20及论§26—32),问题不是涉及上帝的智慧[1]或意志,而是涉及事物的绝对和必然的本性。如果物质宇宙有可能由于上帝的意志能够是有限和可动的(这是这位博学的作者在这里发现自己被迫不得不认可的,虽然他经常把它当作一种不可能的假设来对待),那么空间(那运动是在其中完成的)显然是独立不依于物质的。但如果,相反地,物质宇宙[2]不能是有限和可动的,并且空间不能是独立不依于物质的,则(我说)显然就须得出结论,说上帝既不能也从来未能为物质设立界限,并因此物质宇宙必须不仅是无界限的,而且[3]也是永恒的,不论是在先或往后,必然地而且独立不依于上帝的意志而是如此。因为,对那些主张世界[4]或有可能由于行使其永恒权力的上帝的意志而是永恒的人来说,这一点与当前讨论的问题根本没有关系。

76和77.见上,论§73—75,及论§1—20。又见下,论§103。

78.这一段没有包含什么新的反驳。依萨克·牛顿爵士所利用和在这里受抨击的那比喻是适宜的和可理解的,这在前几封信中已充分地说明了。

79—82.在这些段落中的[5]前两段所反驳的一切都不过是咬文嚼字。上帝的存在(如已经屡次指出的)是空间的原因,而所有其他事物存在于那空间中。所以[6]它也照样是观念的地点,因为它是观念存在于其理智中的那些实体本身的地点。

〔1〕 §73. 〔2〕 第四封信§21及第五封信§29。
〔3〕 §74. 〔4〕 §75. 〔5〕 §79,80. 〔6〕 §80.

说人的灵魂是[1]它所知觉的事物的影像的灵魂，是我以对比的方式，引作一种可笑的概念的一个例证的①，这位博学的作者好笑地对它作反驳，就好像我曾肯定它是我自己的意见似的。

上帝知觉每一事物，不是[2]利用任何器官，而是由于他自己实际出现在每一地方。所以这每一地方，或普遍空间，就是他的知觉的地点②。感官的概念，和世界灵魂的概念，前面已充分说明过了。没有提出对前提的任何进一步反驳，就想要人家抛弃结论，未免太过分了。

83—88. 和 89—91. 说[3]灵魂是一种表象的原则；说[4]每一单纯实体由于其本性是全宇宙的一个会集的中心和活的镜子；说[5]它是照它的观点对宇宙的一种表象；以及说所有的单纯实体之间将永远有一种和谐，因为它们永远表象着同一个宇宙；所有这一切，我承认，我根本不懂。

关于那[6]前定和谐，由于它，灵魂的情状和身体的机械运动被肯定为彼此一致，而根本没有相互影响的，见下，论§110—116。

事物的影像通过感觉器官传送到感觉中枢，灵魂在那里知觉到它们，这被断定为一个[7]不可理解的概念，但并没有加以证明。

---

〔1〕 §81.

① E本作"我曾以对比的方式说过，该作者的意见，是和有人若说人的灵魂是它所知觉的事物的影像的灵魂那种主张一样不合理的"。

〔2〕 §82.

② E本作"所以普遍空间就是他知觉事物的地点"。

〔3〕 §83.　〔4〕 §87.　〔5〕 §91.　〔6〕 §83,87,89,90.

〔7〕 §84.

关于[1]非物质实体感应或受感应于物质实体，见下，论§110—116。

上帝[2]知觉并认识一切事物，不是由于出现在它们面前，而是由于继续不断地重新产生了它们，这只是经院哲学家们的一种虚构，并无任何证明。

关于上帝是[3]世界灵魂的反驳，在上面第二次答复§12及第四次答复§32中已经充分回答了。

92.设想我们身体的一切运动都是必然的，是完全[4]由物质的单单机械的冲力所引起，完全独立不依于灵魂的，这种想法是(我不能不认为)倾向于引进必然性和定命的。它倾向于使人被设想为仅仅是机器，正如笛卡尔曾想象着禽兽是机器一样；这是由于排除了从现象，也就是从人的活动所得出的、用来证明在人中有任何灵魂，或任何不单只是物质的东西的一切论证的结果。见下，论§110—116。

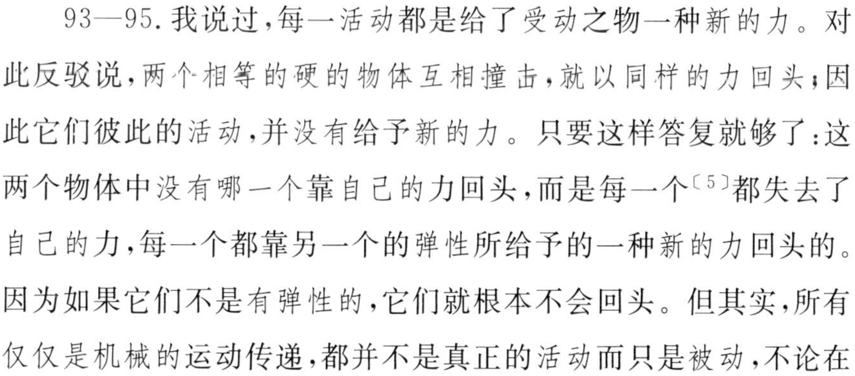

93—95.我说过，每一活动都是给了受动之物一种新的力。对此反驳说，两个相等的硬的物体互相撞击，就以同样的力回头；因此它们彼此的活动，并没有给予新的力。只要这样答复就够了：这两个物体中没有哪一个靠自己的力回头，而是每一个[5]都失去了自己的力，每一个都靠另一个的弹性所给予的一种新的力回头的。因为如果它们不是有弹性的，它们就根本不会回头。但其实，所有仅仅是机械的运动传递，都并不是真正的活动而只是被动，不论在

〔1〕 §84.　〔2〕 §85.　〔3〕 §86,87,88,82.　〔4〕 §92,95,116.

〔5〕 请再参看论§99。

推动的物体或被推动的物体都一样。活动乃是在先前没有运动的地方，开始一种从生命或活动力的本原来的运动。如果上帝或人，或任何活的或能动的能力，只要影响过物质世界中的任何东西，而每件东西并非单只是绝对机械的装置，那么宇宙中的运动的总量总必须有一种继续不断的增加和减少。这是这位博学的先生屡次否认的。

96 和 97. 这里这位博学的作者只是指向他在别处说过的东西；我也愿意照他的样做。

98. 如果说灵魂是一种实体，充满了感官或它知觉到被传送给它的事物影像的地点，却不能由此推论说它必须是由有形体的诸部分构成(因为物体的诸部分是互相独立的各别的实体)，是整个灵魂在看，整个在听和整个在想，因为它本质上是一个个体。

99. 为了表明世界上的活动力(意指给与物体的冲击力或运动的量)并不会自然地减少，这位博学的作者竭力主张，两个软的无弹性的物体以相等而方向相反的力碰到一起，确因这唯一理由各自失去其整体的运动，因为它传递并分散到它们细小的各部分的运动中去了。但问题是：当两个完全硬的、无弹性的物体由于碰到一起而失去它们的整体运动时，那运动或能动的冲击力变成什么了呢？它不能是分散到各部分中去了，因为那些部分由于缺少弹性是不能作颤动的。而如果否认那两个物体会失去它们整体的运动，则我回答说：那么结果就会是那些有弹性的硬的物体将会以双倍的力返回，那就是由弹性产生的力，另外还有全部(或至少是一部分)原本那个指向一个方向的力，这是违反经验的。

最后(基于我从依萨克·牛顿爵士那里引用的那证明)，他不得不[1]承认，世界上运动的量并不永远是同样；又趋向另一庇护所，说运动和力并非永远在量上是同样的。但这也是违反经验的。因为这里所说到的力，不是物质的惰力(这实际上是永远继续保持同样的，只要物质的量继续保持同样)，这里的力所指的，乃是相对的能动的推进力，这是永远和相对运动的量成正比的，正如在经验中经常是显然的那样，只除了有的场合犯了某种错误，没有正确地计算和扣除那相反的力或阻力，那是产生于流体对以任何方式运动的物体的抵抗力，和产生于重力对向上抛起的物体的继续不断的相反作用的。

100—102. 那能动的力，照上面所确定的意义，确是自然地在物质宇宙中继续不断地减少，这在上一段已经表明了。这不是什么缺陷，这也是很显然的；因为这只是物质是无生命的、缺乏能动性的、不活动的和惰性的一种后果①。因为物质的惰性②，不仅(如这位博学的作者所注意到的)致使速度随着物质的量的增大而成比例地减小(这实际上不是运动量的减少)，而且也致使那坚实并且完全硬的、没有弹性的物体以相等而方向相反的力碰到一起时失去了它们整个的运动和能动的力(如以上所已表明的那样)，并且必须依赖于某种其他原因来作新的运动。

103. 这里所涉及的那些事物，没有一件是缺陷，这我在前几封信中已充分表明了。因为为什么上帝没有自由来使世界照它现在的形式延续到他认为合适的那样长或那样短的时候，然后改变(以

[1] §99.

① E本仅作："因为这只是物质的不活动性的一种后果"。

② G本为"inertia"("惰性")，E本作"inactivité"("不活动性")。

可能是很明智和合适，但也许不可能以机械作用来完成的那样一些变化）为他自己所喜欢的任何其他形式呢？我从这位博学的作者肯定[1]宇宙不能在圆满性上有所减小，没有什么可能的理由能够限制物质的量，肯定[2]上帝的圆满性迫使他永远产生尽他所能那样多的物质，以及肯定一个有限的物质宇宙是一种不能成立的虚构这样一些主张，推论出（根据这些概念）世界就一定必须既是无限的又是永恒的，我的这种推论，（我说）是否一个正确的推论，我愿让将比较阅读这些信件的博学之士去判断。

104—106. 现在告诉我们说[3]空间不是一种秩序或位置，而是一种诸位置的秩序。但这反驳还依旧保持着：一种诸位置的秩序不是量，空间则是量。于是他指向§54，那里他认为他已证明了秩序是一种量；我又指向我在这信以上关于那一节已说过的话，在那里我认为我已经证明它不是一种量。他所主张的关于[4]时间的类似看法，明明可归结为下列的荒谬意见：时间只是相继事物的秩序，可是它又真的是一种量；因为它不仅是相继事物的秩序，而且也是插入在那秩序中相继的每一特殊事物之间的绵延的量。这是一个明明白白的矛盾。

说[5]广阔无垠不是意指无界限的空间，并且说永恒不是意指无始无终的绵延或时间，这就是（我想）肯定语词没有任何意义。不来就这一点进行推理论证，而把我们指向某些神学家和哲学家（那是指那些和这位博学的作者的意见一致的神学家和哲学家所

---

〔1〕 第四封信§40，20，21，22，及第五封信§29。

〔2〕 见上莱布尼茨先生第四封信中的“又及”部分。

〔3〕 §104. 〔4〕 §105. 〔5〕 §106.

已承认了的东西:这不是我们之间所讨论的问题中的题材。

107—109. 我曾肯定,对于上帝来说,没有一件可能的事物是比另一件更为奇迹性的;所以一个奇迹并不在于要做的事的自然本性中的任何困难,而只是在于上帝之做这件事的不寻常性。自然、自然能力、自然过程,以及诸如此类的名词,无非是一些空洞的字眼,意思只是指一件事是很寻常或屡屡发生的。使人体从大地尘土中复活起来,我们叫做一个奇迹;一个人体照通常方式的生殖,我们叫做自然的;不是为了别的理由,而是因为上帝的能力寻常地实现了这一件事而不寻常实现另一件事。太阳(或地球)突然停止不动,我们称为奇迹,太阳(或地球)继续运动,我们称为自然的,也只是出于同样的理由,一个是寻常的,另一个是不寻常的。要是人们曾寻常地从坟墓中起来,就像谷物从播下的种子中生长出来那样,我们当然就得称那也是自然的,而要是太阳(或地球)曾经常站住不动,那我们就得认为那是自然的,而它在任何时候的运动就会是奇迹性的了。对这些显然的理由〔ces[1]grandes raisons①〕,这位博学的作者根本没有提出什么反对的论据,只是继续把我们指向某些哲学家和神学家的通俗说法:这(如我前面已指出的)不是我们所讨论问题中的题材。

110—116. 在这里非常令人惊讶的是,在一个讲理性而不是讲权威的问题上,又仍旧把我们再一次[2]指向某些哲学家和神学家

〔1〕 §108.

① 引莱布尼茨来信法文原文,意即"这些重大理由"。

〔2〕 §110.

的意见。但是，且略去这一点：这位博学的作者所说的[1]奇迹的和非奇迹的之间的，或者[2]自然的和非自然的作为之间，绝对的和相对于上帝的实在的内在区别是指什么呢？他是想着在上帝之中有两种不同的和实在各别的行动本原或能力，以及一件事是比另一件事对上帝来说较为困难吗？如果不是这样，那么就或者是：上帝的自然的和超自然的活动，是一些其意义只是相对于我们而言的名词，我们称①上帝能力的一个寻常的结果为自然的，一个非寻常的结果为超自然的，那[3]自然的力量真的说来无非是一个空洞的字眼；或者是：所说的一件事②必须是指上帝自己直接做的，而所说的另一件事③则是他用属于次级原因的工具间接做的。这些区别中的前一种是这位博学的作者在这里公开宣布反对的；后一种是他在§117明确地否认的，在那里他承认天使可以行真正的奇迹。可是除了这两种之外，我认为不可能想象出任何其他的区别。

在这样常常明确地宣告以后，还把[4]引力叫做一种奇迹，和一个非哲学的④名词，是非常不合理的，我们已明确宣告，用引力这个名词，我们的意思不是表示互相趋向的物体的原因⑤，而只是

〔1〕 §110.　〔2〕 §111.

① E本作"我们习惯于说"。

〔3〕 §112.

② E本作"所说的上帝的超自然的活动"。

③ E本作"而所说的上帝的自然的活动"。

〔4〕 §113.

④ "非哲学的"(unphilosophical)，E本作："不应进入哲学中的"。

⑤ E本作"使物体一个趋向另一个的原因"。

表示那由经验所发现的结果，或现象本身，以及那趋向的规律或比例，不管什么是或不是它的原因。而这样做似乎又更加不合理：一方面不承认在这样意义下的重力或引力，在这种意义下它显然地是一种现实的自然现象；另一方面又期望人家得承认像[1]前定和谐那样奇怪的一个假说，那就是说，一个人的灵魂和身体，并不比两个时钟对彼此的运动和情状有更多的影响，这两个钟彼此隔着最大的距离，却走得一样，而彼此根本不发生影响。确实是这样主张的：上帝[2]预先看到了每个人的灵魂的倾向，首先就这样来设计物质宇宙这架大机器，以致单靠必然的机械规律，在作为这架大机器的组成部分的人类身体中就当激起与那灵魂的倾向能相适合的运动。但是，像在人类身体中的那样变化万端的这样一些种类的运动，单靠机械作用，没有任何意志和心灵对它们的影响，就能完成，这是可能的吗？或者当一个人在一个月前就决定并且知道在未来的某一特殊日子或钟点他要做什么时，他的身体单凭起初在创世时赋予物质宇宙的机械作用的能力，就将准时地使自己符合人的心灵在指定的时间作出的决定，这样的事情，我说，是能够相信的吗？照这一假说，哲学中从现象和实验得来的一切论证都完结了，因为，如果前定和谐是真的，那么一个人就实际上既不在看也不在听，既不在感觉任何东西，也不在移动他的身体，而只是梦想着他在看，在听，在感觉，和在移动他的身体。而如果世人能够一旦相信了一个人的身体只是一架机器，所有他的貌似随意的

[1] §109和92，以及87，89，90。

[2] §92.

运动，都是只靠物体的机械作用的必然规律完成而并无灵魂对身体的任何影响、作为或活动，则他们立刻就会得出结论说，这机器就是整个的人，而在前定和谐假设中的那和谐的灵魂，仅仅是一种虚构和梦境。此外，用这样奇怪的一种假说，又避免了什么困难呢？只避免了这一困难：不能设想（似乎）非物质实体如何能作用于物质。但上帝难道不是一种非物质实体吗？他不是作用于物质吗？并且，设想一种非物质实体如何作用于物质，比起设想物质如何作用于物质来，又有什么更大的困难呢？设想物质的某些部分如何可能不得不跟随灵魂的运动和情状，而并无形体上的接触，比之于设想物质的某些部分不得不靠各部分的黏合（这是没有什么机械作用能够说明的）而互相跟随其他部分的运动，或者设想光线当从一个它们绝未接触的表面合规律地反射回来，不是一样容易吗？关于光线的反射，依萨克·牛顿爵士在他的《光学》中曾给了我们几个显而易见的实验。

看到这样的主张被再次用明确的语言加以重复，也是一样令人惊讶的，那就是说，在万物的第一次被创造以后[1]，天体运动的继续，植物和动物的形成，以及人和其他动物的身体的每一运动，都是和时钟的运动一样机械的。无论谁接受了这样的意见，（我想）就不得不在理性上须能够具体地说明：靠什么机械的规律，行星和彗星能够继续在它们的轨道上运行，通过无抵抗力的空间；靠什么机械的规律，植物和动物两者都得以形成；以及动物和人的无穷多样的自发运动如何得以完成。这，我充分地相信是绝不可能

[1] §115,116.

做到的，就正如不可能指明一座房子或城市，单靠机械作用而没有任何理智的或能动的原因，如何能建成，或这世界本身这样最初怎么能形成一样。事物最初不能靠机械作用产生，这是明确地被承认的。而当这一点一旦已被承认之后，为什么又要显出这样大的关切，来排除上帝对世界的实际统治，不承认上帝的天道能有进一步的作为，除了只是通过协助（如这用语所表示的），让万物只做那它们自身单靠机械作用所将会做的；以及为什么得想着，上帝依本性或依智慧，须受某种义务或局限的约束，除了一个物体的机器在它一旦被安排运转之后单靠机械规律所可能完成的之外，绝不把任何其他事物带到宇宙中来；这些我无论如何想不通。

117. 这位博学的作者在这地方承认在真的奇迹方面有较大和较小之分，并承认天使也能行某些真的奇迹，这是完全[1]和他在这些信件中一直为之辩护的那关于奇迹的本性的概念相矛盾的。

118—123. 说太阳通过中介的空的空间吸引着地球，那就是说，地球和太阳彼此有引力作用，或者彼此以一种力趋向（不管这种趋向的原因是什么）对方，这种力是和它们的质量，或大小和密度合在一起成正比，而和它们的距离的平方成反比的；又说在它们之间的空间是空的，那就是说，其中没有什么对横穿过的物体的运动有感觉得到的抵抗力的东西：所有这一切，都无非是一种现象，或现实的事实，是由经验所发现的。这种现象不是[2] sans moyen①，即没有某种能产生如此结果的原因而产生的，这无疑是对的。

---

[1] 见上，莱布尼茨先生的第三封信§17。

[2] §118.

① 引莱布尼茨信中法文原文，意即“无中介”，或“无手段”。

所以哲学家们要是能够的话就可以来寻求和发现那原因，不管它是机械的，或非机械的。但要是他们不能发现那原因，则那结果本身，那现象，或凭经验所发现的那实际事实（引力和重力等词所指的无非就是这个），难道就因此减少其真实程度了吗？或者，一种明显的质，只因为其直接致动因（也许）是隐秘的，或尚未发现，难道就该称为[1]隐秘的质吗？当一个物体[2]循圆周运动而不照切线方向飞去时，肯定是有某种东西阻止了它；但要是在某些场合不能机械地[3]说明或尚未发现这某种东西是什么，难道因此就该得出结论，说这现象本身是假的吗？这的确是非常奇特的论证。

124—130. 那现象本身，那引力、重力，或物体彼此向对方的趋向（或不论你喜欢用来称它的其他什么名称）和那种趋向的规律或比例，这些都是现在靠观察和实验已充分认识了的。如果这位或任何其他博学的作者①能够用[4]机械规律来说明这些现象，他不仅不会被反对，而且还会受到学术界充分的感谢。但同时，把[5]重力作用（这是一种现象或现实的事实）和伊壁鸠鲁所说的原子的偏斜（这，照他那把某种更古老和也许较好的哲学加以败坏和作了无神论的歪曲解释的学说来看，只是一种假说或虚构，并且在一个没有被假定有什么理智的世界中，也是一个不可能的假说）来作比较，似乎是一种极其异乎寻常的推理方法。

至于那条关于[6]充足理由的大原则，这位博学的作者在这里有关它所加的论述，都只是肯定而并没有证明他的结论，因此无须

〔1〕 §122.　〔2〕 §123.　〔3〕 §123.

① E本作"如果莱布尼茨先生或某一位别的哲学家"。

〔4〕 §124.　〔5〕 §128.　〔6〕 §125等等。

答复。我将只指出:这用语是有一种歧义的;它可以或者被理解为只是指必然性,或者彼理解为也同样包括意志和选择。一般说来[1]是有一个充足理由说明为什么每件事物是它所是那样,这无疑是对的,并且各方面都同意的。但问题是:在某些场合,当去做一件事是高度合理的时,其他不同的可能的行事方式是否就不可能是同样合理的;以及在这样的场合,那[2]上帝的赤裸裸的意志本身是否就不是以这样或那样特殊方式来行事的一个充足理由;还有,在最强的可能理由全都在一个方面的场合,在所有有理智和自由的能动者中,那能动的本原(我想自由的本质就在于此)是否就不是和那能动者在其心目中的动机或理由有别的东西①。所有这些都是这位博学的作者所经常否认的。而他的[3]以排除所有这一切这样一种意义下建立他的关于充足理由的大原则,以及期待别人在那种意义下,未加证明就承认他那原则,这就是我称为他的 Petitio Principii 或假定待决原则为论据的论证法;没有什么能比这更为非哲学的了。②

〔注.莱布尼茨先生的逝世,使他未能答复这第五封回信〕.③

〔1〕 §125.

〔2〕 见上,论§1—20及21—25。

① "那能动的本原"以下,E本作:"是否就没有一个能动的本原(……),和那能动者在其心目中的动机或理由完全有别的"。

〔3〕 §20及125等等。

② E本末句作:"这是和一位哲学家完全不相称的"。

③ E本文末有此注,G本无此。

图书在版编目(CIP)数据

莱布尼茨与克拉克论战书信集/(德)莱布尼茨,(英)克拉克著;陈修斋译.—北京:商务印书馆,2017
(汉译世界学术名著丛书:120年纪念版:珍藏本)
ISBN 978-7-100-14862-7

Ⅰ.莱… Ⅱ.①莱… ②克… ③陈… Ⅲ.①哲学思想—思想史—史料—西方国家—近代②自然科学史—史料—西方国家—近代 Ⅳ.①B504②N095

中国版本图书馆CIP数据核字(2017)第158719号

汉译世界学术名著丛书
(120年纪念版·珍藏本)
莱布尼茨与克拉克论战书信集
〔德〕莱布尼茨
〔英〕克拉克 著
陈修斋 译

商务印书馆出版
(北京王府井大街36号 邮政编码100710)
商务印书馆发行
北京冠中印刷厂印刷
ISBN 978-7-100-14862-7

2017年12月第1版 开本710×1000 1/16
2017年12月北京第1次印刷 印张9
定价:45.00元